H. G. RAUCH

1 Selbst – Self, 1979, Kat. 302

H. G. RAUCH
Satirische Zeichnungen

Herausgegeben von Hans Joachim Neyer
mit Texten von Karl Janke
und Kathinka Dittrich van Weringh

DUMONT

Herausgeber: Hans Joachim Neyer
Konzeption: Karl Janke

Die Deutsche Bibliothek – CIP-Einheitsaufnahme

Rauch, Hans-Georg:
Satirische Zeichnungen / H. G. Rauch. Mit Texten von Karl Janke und Kathinka Dittrich van Weringh. – Köln: DuMont, 1995
ISBN 3-7701-3603-9
NE: Janke, Karl [Mitarb.]

Abbildung auf dem Umschlag: Großmutters Geburtstag, 1979, Kat. 228 (Detail)

Grafische Gestaltung: Winfried Konnertz
Herstellung: Peter Dreesen
Reproduktion: Heinrich Miess, Köln
Satz und Druck: Rasch, Bramsche
Buchbinderische Verarbeitung: Bramscher Buchbinder Betriebe

Printed in Germany ISBN 3-7701-3603-9

Inhalt

Hans Joachim Neyer
Vorwort 7

Karl Janke
H. G. Rauch – Bilder, um Bilder zu zerstören
Zeichnen im ›elektronischen Zeitalter‹ 9
I Gefangene der Industriegesellschaft 10
II ›Elektronisches Zeitalter‹ 13
III Die Strategie des Zeichnens 19
IV ›Satirische Landschaft‹ 31

Katalog 41

Kathinka Dittrich van Weringh
Hans-Georg Rauch 237

Werkverzeichnis 240

Ausstellungen 251
Literaturverzeichnis 252
Biographische Daten 255

Hans Joachim Neyer

Vorwort

Die erste veröffentlichte Arbeit von H. G. Rauch war eine Karikatur von Konrad Adenauer. Als Helmut Kohl 1982 Kanzler wurde, begann H. G. Rauch seine bekannte Kolumne, die ›Zeitzeichen‹. Obwohl er beide Politiker selten direkt zeichnete, beherrschten die von Adenauer und Kohl repräsentierten Verhältnisse das politische Denken des Künstlers. H. G. Rauch, 1939 geboren, reflektierte den 1968 stattfindenden gesellschaftlichen Umbruch auf besondere Weise. Von anderen, politischen Künstlern unterschied er sich durch künstlerische Überzeugungskraft.

1970 erhielt er den zweiten Preis des Wettbewerbs der Heinrich-Zille-Stiftung für sozialkritische Graphik. In der Begründung schreibt Adolf Jannasch: »Dicht am ersten Preis, aber vielleicht nicht ganz so ›schlagkräftig‹ wie Staeck. Eine andere Natur, ein allein aus dem strengen Schwarz-Weiß arbeitender Künstler von hoher inhaltlicher Überzeugungskraft ... Jeder Strich, jede Dunkelheit oder jede Helligkeit sitzen an der richtigen Stelle, ein graphisches Feuerwerk von subtiler Überlegenheit und Könnerschaft.«

Heute gilt es, die farbigen Collagen, die druckgraphischen Arbeiten, Radierungen und Buchillustrationen von H. G. Rauch stärker in den Vordergrund zu rücken. Insbesondere sollen die großformatigen Farbstiftzeichnungen, seine »satirischen Landschaften«, als Höhepunkt eines Werkes vorgestellt werden, das durch den plötzlichen Tod nicht vollendet werden konnte.

H. G. Rauch schöpfte aus den Erfahrungen des journalistischen Insiders, der die Metamorphosen der Arbeits- zur Informationsgesellschaft kritisch begleitet. Insbesondere führte ihn die Analyse des eigenen Berufsfelds zur Problematisierung des Wahrnehmungs- und Weltbildwandels, den die neuen Medien hervorrufen. Stichworte wie Medienkonkurrenz, Kommerzialisierung der Künste und Digitalisierung der Wahrnehmung bezeichnen die Symptome einer Krise, der das Augenmerk des Künstlers galt.

›Rauchzeichen – kritische Graphik von Hans-Georg Rauch‹ lautete der Titel der ersten Ausstellung im Wilhelm-Busch-Museum 1971. Zehn Jahre später folgte an gleicher Stelle die nun schon ›Retrospektive‹ genannte Präsentation von Handzeichnungen und Radierungen. Der vorliegende Katalog resümiert das gesamte Zeichenwerk des Künstlers, der das Ende der Amtszeit von Bundeskanzler Kohl nicht mehr erleben durfte. Der Kern der Ausstellung ›SatireVision‹ wurde noch von ihm selbst für eine geplante, aber nicht realisierte Tournee in Japan konzipiert. Ursula Rauch stellte der Wilhelm-Busch-Gesellschaft den gesamten Nachlaß zur wissenschaftlichen Bearbeitung durch Karl Janke zur Verfügung. Beiden sei an dieser Stelle für ihre Arbeit herzlich gedankt. Hannes Gysling aus Bern und Bernhard Wißmann aus Brühl liehen uns einige wenige, aber unverzichtbare Blätter. Dafür ebenfalls herzlichen Dank. Für großzügige finanzielle Unterstützung bedanken wir uns bei der Stadtsparkasse Hannover.

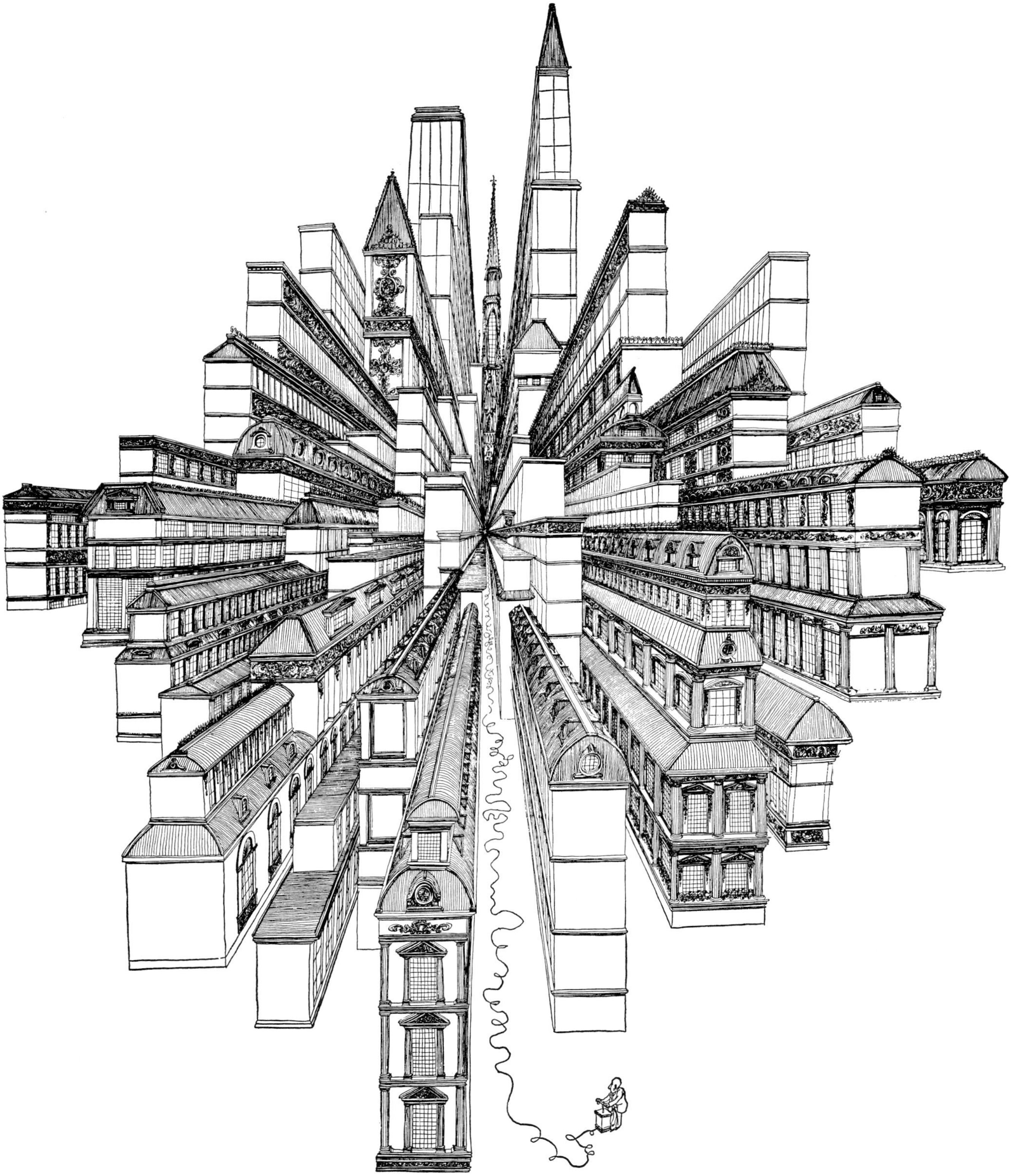

2 Explosion, 1965, Kat. 1

Karl Janke

H. G. Rauch – Bilder, um Bilder zu zerstören[1] Zeichnen im ›elektronischen Zeitalter‹

Der Künstler kann das Verhältnis der Sinne zueinander berichtigen, noch ehe ein neuer Schlag der Technik bewußte Vorgänge betäubt.

McLuhan, Understanding Media, 1964

Himmelhoch ragen bedrohliche Häuserschluchten, in die Tiefe des Raums sich verdichtend, Klaustrophobisches weckend – Großstadtängste, Sturz in den Fahrstuhlschacht ... doch der Fluchtpunkt in ferner Tiefe ist nicht schwarz, sondern hell. Ein Lichtpunkt: ›Explosion!‹ (Abb. 2) Plötzlich rasen umgekehrt, Speedlines gleich, konturverlierende Häusermassen wie unendlich beschleunigte Materie auf den Betrachter zu, aufklärerischen Aufprall provozierend. Hervorgerufen an kunstvoll geschlängelter Zündschnur, voller Gegensatz zu den fluchtenden Geraden, von einem winzig kleinen Sprengmeister mit seinem Zündapparat: der satirische Zeichner am Werk.

Dem retrospektiven Blick auf das Œuvre des frühverstorbenen Karikaturisten und satirischen Graphikers Hans-Georg Rauch erschließen sich der derart verschlüsselte, multiperspektivische Zeichenattacken auf Wahrnehmungs- und Denkvermögen des Betrachters als frühe Programmbilder. Sie sind von erstaunlicher Konsequenz und Tragweite, gleichsam gezeichnete Definitionen des karikaturistischen Verfahrens.[2] Sie verlangen nach dem, was dem Satiriker am meisten am Herzen liegt: ernstgenommen zu werden. Sie tragen ihm sogleich den Ruf eines Intellektuellen, die Anmutung eines künftigen Kulturphilosophen ein.[3] An ihnen wird eine innere Logik sichtbar, die seine frühen Federzeichnungen mit den wenig rezipierten großen Farbstiftarbeiten des ›Spätwerks‹ jenseits von Fragen des Stils oder der Sprache verbindet: die sein ganzes Werk durchziehende, sich wechselseitig kommentierende Doppelthematik der Reflexion industrieller Informationsgesellschaft und künstlerischer Praxis. Das innere Prinzip der Dekonstruktion verbindet frühe Federzeichnungen, politische Karikatur und späte Naturinterpretation.

Rückblickend gewinnt Rauchs satirisches Werk Gestalt und Rang in der Medienkonkurrenz des ›elektronischen Zeitalters‹ – wachsen ihm Bedeutungen aus jener die Wahrnehmungskoordinaten umstürzenden ›Implosion‹[4] auch dort noch zu, wo dessen kompromißlos zeichnender Autor bloß zu spielen oder sich zu »verzeichnen« vorgibt.

I Gefangene der Industriegesellschaft

Das Ganze wiederholt sich im Detail, nicht Einzelnes erklärt die Welt.

Hans-Georg Rauch, Arbeitsjournal

Diese großen, seit Mitte der sechziger Jahre entstehenden Zeichnungen sieht Rauch denn als den eigentlichen Beginn seiner Karriere an, erstes Ereignis selbständigen Denkens, das er selbstkritisch erst mit 25 Jahren beginnen läßt[5] – tatsächlich steht an ihrem Anfang, immerhin, eine Adenauer-Karikatur des Achtzehnjährigen zur Wiederbewaffnung der Bundesrepublik (Fig. 1).

Fig. 1 H. G. Rauch, Adenauer, 1957

Anfang der sechziger Jahre steckt die Karikatur in einer tiefen Krise. Werner Hofmann etwa veranlaßt diese zu der Frage: »Ist die Karikatur am Ende?«[6] Verantwortlich macht er drei soziale Faktoren: die Eindimensionalität der industriellen Wohlstandsgesellschaft, die alle Doppelbödigkeit, alle Dimensionen des Widerspenstigen im Keim erstickt; weiterhin das von Karikatur nicht einzuholende Ausmaß des Grauens, das die Diktaturen des 20. Jahrhunderts verursachten, und drittens die Antiquiertheit der Karikatur infolge der Konkurrenz industrieller Bildmedien, besonders der Photographie, die die mediale Durchleuchtung des Alltags und der Privatsphäre übernommen habe.

Die ästhetischen Schlußfolgerungen, die Rauch zieht, sind entscheidend für die Eigenart seines Zeichnens bis ins ›Spätwerk‹. Seine Antwort auf die Krise ist deren emphatisch zeichnerisch-intellektuelle Analyse. Gegen die Eindimensionalität der Gesellschaft stellt er die kombinierte Untersuchung ihrer systemischen Beschaffenheit, die Dimension des Grauens entdeckt er in der industrialisierten Alltäglichkeit, und die Allgegenwärtigkeit ihrer Medien reflektiert er in seinem Strich.

Fig. 2 H. G. Rauch, St. Pauli

Rauch entwirft in seinen mikroskopisch präzisen ›Wimmelbildern‹ von der ›Masse Mensch‹, in denen er den eher expressiven Strich seiner Anfänge (Fig. 2) und frühen Theaterzeichnungen verläßt, ein düsteres, an die Philosophie Günther Anders' und die Methodik der ›kritischen Theorie‹ erinnerndes Panorama der Industriegesellschaft.[7] Sie vergegenwärtigen die objektiven Gründe ebenso wie das emotionale Staupotential für seine artistisch-politischen Obsessionen. Ausgehend von den Ordnungsmustern der ›formierten Gesellschaft‹ (Ludwig Erhardt) (Abb. 36), die ihren Niederschlag auch ästhetisch-strukturell im repetitiven Zusammenhang formal identischer Kleinstrukturen und übergeordneter Großform findet, verfolgt HGR die Reproduktions- und Repräsentationsformen des ›Spätkapitalismus‹: das Bild einer an den eigenen Voraussetzungen des unendlichen ›Fortschritts‹ scheiternden, zur Wiederholung des Immergleichen verdammten Gesellschaft, in der die Menschen zu Mechanismen, Systemfunktionen reduziert werden. So öffnen sich für das Arbeiterheer der ›Roboter‹ (Fig. 3) – als mechanische Charaktermasken zu unaufhörlichem Funktionieren verdammt – die Gitterstäbe der Fabriktore nur scheinbar: Gefängnis drinnen wie

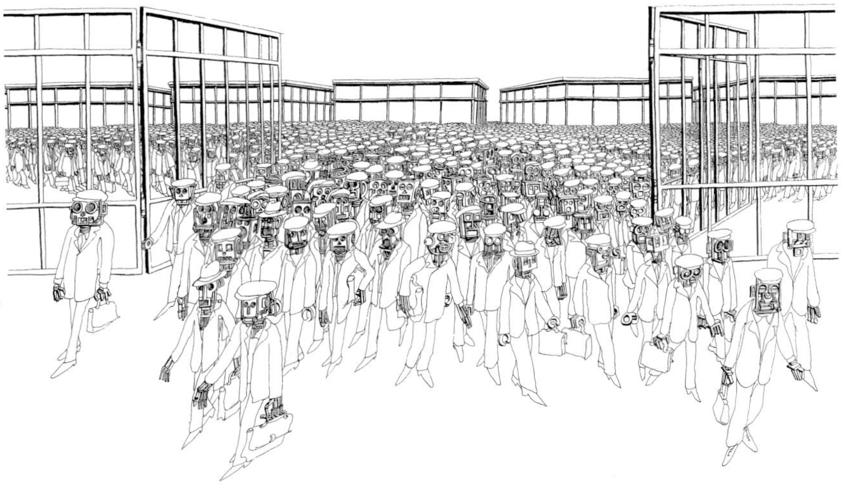

Fig. 3 H. G. Rauch,
Roboter, veröffentl. 1974

draußen, unüberwindlich. Die ›Roboter wie du und ich‹ (Abb. 4) befinden sich oberflächlich freundlicher, scheinbar lustiger, in einer Großstadtszenerie, in der an einer Straßenkreuzung androide, an Paolozzi erinnernde Automaten – männliche, weibliche, kindliche – sich gegenseitig blockieren, am Fortkommen hindern, während andere im Überbau die Vervollkommnung der gerasterten Gesellschaftsarchitektur betreiben, den letzten Rest freier Fläche verbauen, wo man

Fig. 4 H. G. Rauch,
Die menschenleere Fabrik, 1983,
Kat. 145

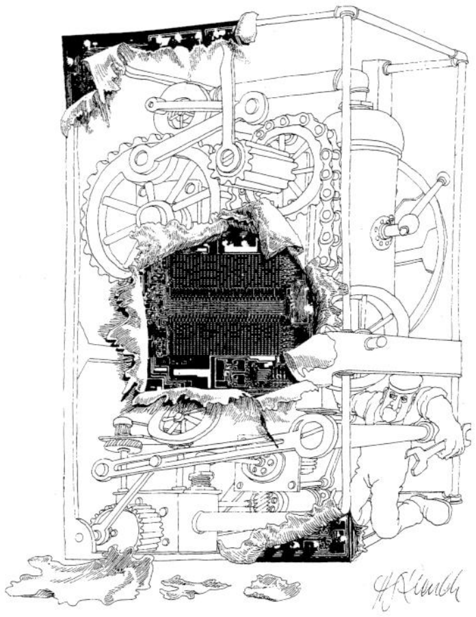

Fig. 5 H. G. Rauch, Die Elektronik durchdringt den Maschinenbau, 1986, Kat. 143

Fig. 6 H. G. Rauch, o. T. [Fabrikschlote], veröffentl. 1974

Himmel vermuten könnte. Damit entsteht eine Vorherrschaft der Apparate im gesamten Leben, also auch in der Kunst: ›strukturelle Gewalt‹. Noch 1993 versetzt Rauch die ganze Gesellschaft ins Fabrikinterieur, die alte antiautoritäre Kritikformel der Tretmühle transformierend. Häuser, Straßenverkehr, menschliche Statisten, das ganze urbane Ambiente modernen Lebens drehen sich unablässig auf den Transportbändern eines fremdbestimmten Mechanismus. ›Alltag‹ (Abb. 3) erinnert daran, daß »der Denk- und Anschauungsraum der Moderne die Fabrik gewesen ist, wie die Fabrik andererseits das moderne Bewußtsein produziert – auch in absehbarer Zukunft«.[8]

Technologieschübe, die während der gut eine Generation währenden Schaffenszeit Rauchs auftreten, verschärfen nur die Situation. Automation verdrängt auch noch diese mechanisierten Androiden aus den Produktionsräumen. In ›Die menschenleere Fabrik‹ (Fig. 4) ist das Bild des Menschen nur mehr Erinnerung, Negativfigur des weißen Grundes. Es wird zum Abziehbild, das entfernt werden wird, auch wenn es einstweilig noch den Fluchtpunkt der Maschinerie verdeckt. Mitte der Achtziger sieht Rauch die ›Elektronik‹ den Maschinenbau durchdringen (Fig. 5), ein weiteres Blatt der Technik- und Sozialgeschichte ist erledigt: jetzt ist die Maschine ›dran‹. Die Szene mit ›Großer Maschinerie‹ plus Arbeiter platzt auf, wird abgelöst von der Chipstruktur einer neuen Produktionsweise. Und während noch die erste Welt ungerührt die Introduktion des Computerchips in einer Zirkusnummer gibt, und die dritte skelettiert auf den Rängen daniederliegt (Abb. 6), ist sie selbst universell bedroht. Industrialisierung hat im Zeichen der Herrschaft des rechten Winkels alles Natürliche hinter den Horizont verdrängt. Als Bild gewordenes schlechtes Gewissen scheint Natur in den Rauchfahnen der ›Fabrikschlote‹ auf (Fig. 6). ›Das Ende der Welt‹ (Fig. 7, Abb. 25, Abb. 163) hat das Stadium realistischer Fiktion verlassen. Der Fortschritt wird zur Mausefalle

Fig. 7 H. G. Rauch, Ende der Welt, 1983, Kat. 233

mit einem Chip als Köder (Kat. 37). Selbst zum Handlanger des Computers, zum ›user‹ degeneriert (Abb. 11), ist der Mensch zur entwicklungsgeschichtlichen Wende offensichtlich nicht in der Lage. Unfähig, vorsintflutliche Althirnpotentiale abzustreifen (Abb. 8), steht er im Schatten seines eigenen, einseitig technologisch fixierten Denkens (Abb. 9). Der Mensch bleibt, von Arbeit befreit, Gefangener seiner Hochtechnologie (Fig. 8).

Fig. 8 H. G. Rauch, Von Arbeit befreit und dennoch gebunden, 1983, Kat. 144

II ›Elektronisches Zeitalter‹

Das Auge frißt diese Dinge …
Paul Klee

Medienkonkurrenz

Scheinwerfer, Satelliten, Kabel, Bildschirme, Parabolantennen, Sonnenpaddel und Solarzellen: einige Menschen hängen ›in den Seilen‹, andere suchen sich ihren Weg mit der Machete durch den ›Mediendschungel‹ (Abb. 7), ohne indes ins Freie gelangen zu können. Der Dschungel, Rauchs wiederkehrende Metapher für das Gefangensein in einer übermächtigen, unausweichlichen Wirklichkeit (Abb. 65, 143, 179). Die Gründe sind nach Rauch, ebenso ›strukturell‹ bedingt, in der Modellierung der Sinnlichkeit durch Mechanismen der Massenbeeinflussung, Einwegkommunikation (Kat. 135) und dem Medienmarkt zu suchen. Lange bevor die Arbeitsgesellschaft in die Informationsgesellschaft hinüberzuwachsen anfing, war der ›Kampf der Medien um Auge und Ohr‹ (Fig. 9) entbrannt. Schon

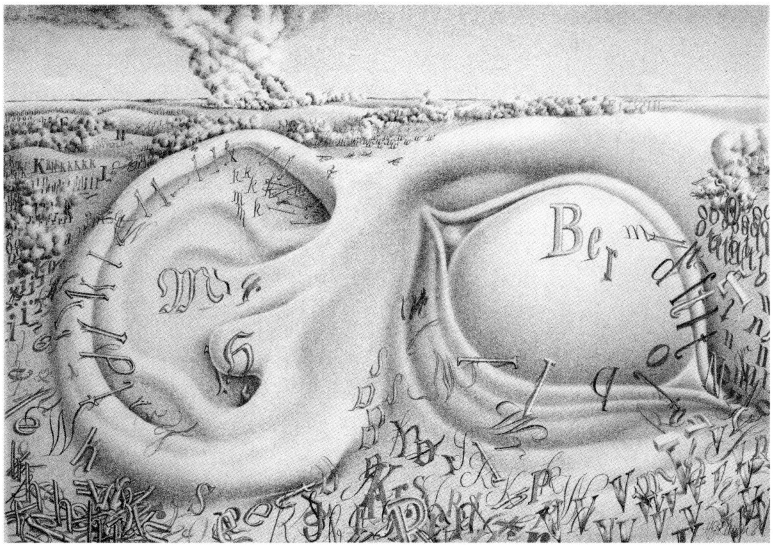

Fig. 9 H. G. Rauch, Kampf der Medien um Auge und Ohr, veröffentl. 1986

Fig. 10 William Hogarth, Battle of the Pictures, 1745

mit der Einführung des Buchdrucks hatte er in der »Gutenberg Galaxy« (McLuhan) zwischen den Druckmedien getobt und wurde heftiger mit der Einführung jeder technologischen Innovation. Je näher er zur Gegenwart rückte, je mehr wandelte er sich zur ›Battle of the Pictures‹ (Fig. 10). Bei Hogarth kämpfen die Bilder der alten und der modernen Schule um die Vorherrschaft, um eine der Gegenwart angemessene Sehweise. Rauch variiert diese Metapher der ›Sehschlacht‹ immer wieder (Abb. 116). Schließlich ist bei ihm der ganze »Binnenraum der zweiten, industrietechnischen Natur«[9] von dieser Schlacht erfüllt. ›Das tägliche Brot‹ (Abb. 5), das sind zunächst die katastrophischen bewußtseinsbildenden Medieninhalte: die herrschenden Apparate, Kirche, Polizei, das Militär, die Atomindustrie, während auf dem Computerschirm das Bild der ersten Natur verblaßt. Immer wieder attackiert HGR die Industrialisierung der Wahrnehmung als Gewaltakt. ›Friß oder stirb‹ (Abb. 13) zeigt die Verkabelung der Gesellschaft als erzwungene Nahrungsaufnahme, ›Innenleben‹ (Abb. 14) das Ergebnis der gewaltsamen Internalisierung: das Gehirn bleibt leer, der Leib voll Schrott. Es ist lediglich eine Frage der Zeit, bis er die Schädeldecke erreicht. In einer veritablen Fernsehpathologie führt der Zeichner die Mechanismen televisionärer Sozialisation vor Augen, angefangen vom bulimischen Bildkonsum, über Reizüberflutung und Überinformation, die Einverleibung und gewaltsame Innervation des Apparats bis zur Umkehrung des Wirklichkeitsverhältnisses, zum Verlust moralischer und politischer Orientierung, der Einbuße der Handlungsfähigkeit, von Verantwortungsbewußtsein für die Ausgebeuteten der Welt (Abb. 22). In szenischen Metaphern schildert er das Scheitern öffentlicher Kommunikation als Unterhaltung. Investigatives Amusement produziert nur Karikaturen ihrer Methodik: ›Talkshow‹ (Abb. 15). Abkürzende Sinnbilder der Sinnlosigkeit: verknotete Zungen; obszöne Aneignung des Mikrophons, öffentliches Organ auch der Form nach, aus Publicitygeilheit; der Mensch vor der Kamera als Zwischenraum von Licht- und Schattenseite; der ›Untermensch‹ als ›Gast des Abends‹: nur seine Hälfte unterhalb der Gürtellinie sitzt auf dem Stuhl. Das Ergebnis: ein Eimer, gefüllt mit den Buchstaben ›bla‹. In der ›Unterhaltungsindustrie‹ (Abb. 16) ist das Gehirn an der Garderobe abzugeben. Die Politik auf demselben Niveau: die Bildproduktion der Presse reduziert die Individualität des Volksvertreters auf dunkel Schraffiertes, eine abstrakte Schnittfläche, auf das kleinste gemeinsame Vielfache (Abb. 17). Der Bürger andererseits verliert seine Physiognomie durch massivere Formen der Gewalteinwirkung, durch die Faust aus dem Fernseher, ›Schule der Nation‹ (Abb. 18); fortgesetzt in der Gewaltinszenierung eines ›Reality-TV‹. Menschen werden um des ›Nachrichtenwerts‹ willen zu Tätern gemacht und die Wirklichkeit zu einer Illustration des Mediums verkehrt – die Tat von ›Profis‹ (Abb. 19). Die Vorbildwirkung von Fernseh-Gewalt für die Genese sozialer Defizienz jugendlicher Rechtsextremer, für die Entstehung von ›Hakenkreuz-Tumoren‹, erscheint nur folgerichtig (Abb. 21), gewaltproduzierende Medien als ›Lehrstellenangebot‹ (Abb. 20). Müll kennzeichnet diese Welt – psychisch wie physisch, innen wie außen (Abb. 23, 24). Wir alle werden von HGR verantwortlich gemacht, dem Schauspiel, in dem die Medien die Stelle des theatrum mundi eingenommen haben und Weltuntergang gegeben wird, wider besseres Wissen beizuwohnen (Abb. 25). Befreiung von dem Übel bleibt da nur ein schöner ›Traum‹ – wer wirft schon, außer in Film und satirischer Zeichnung, seinen Fernseher aus dem Fenster? (Kat. 77)

Seine eigentliche Hypertrophierung erfährt der ›Mediendschungel‹ jedoch erst durch die Entwicklung des Computers zur Medienmaschine mit seiner Vervielfachung der Bildwelten und der Einebnung der Differenz von Bild und Realität. Die Industrialisierung der Simulation (Abb. 7), das Ende des Buchzeitalters, in teilweise unerhörtem Aufbäumen, in Eruptionen wie den Massenveranstaltungen der ›babylonischen‹ Frankfurter Buchmesse (Kat. 142) werden in zahlreichen Zeichnungen kritisch begleitet. Mitte der achtziger Jahre warnt HGR vor ›Chipblindheit‹ (Fig. 11): allein mit der elektronischen Brille vor Augen ist der Mensch unfähig, ›zu begreifen‹. Hilflos streckt er seine Arme aus wie ein Blinder und doch zugleich abweisend wie ein Uneinsichtiger. Die ›Digitalisierung der Wahrnehmung‹ (Fig. 12), so warnt Rauch, mag Realität vielleicht als fahles Erinnerungsbild einer fernen Schönen in die elektronischen Gedächtnisse bannen. Der Mensch selbst jedoch wird integraler Bestandteil seiner eigenen genormten Zahl-Zeichenwelt. Ziffern im Schnittpunkt der Sehpyramide, Ziffern im Gehirn: die Konturen seiner Gestalt beginnen im Raster seines künstlichen digitalen Biotops zu verschwinden.

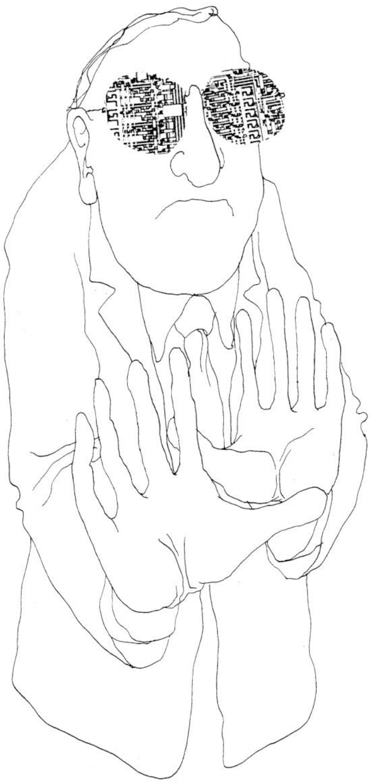

Fig. 11 H. G. Rauch, o. T. [Chipblinder], 1985

Fig. 12 H. G. Rauch, o. T. [Digitalisierung der Wahrnehmung], 1986

Fig. 13 H. G. Rauch,
Cosmic: o. T. [Kunsthalle – Installation des Nichts], 1993

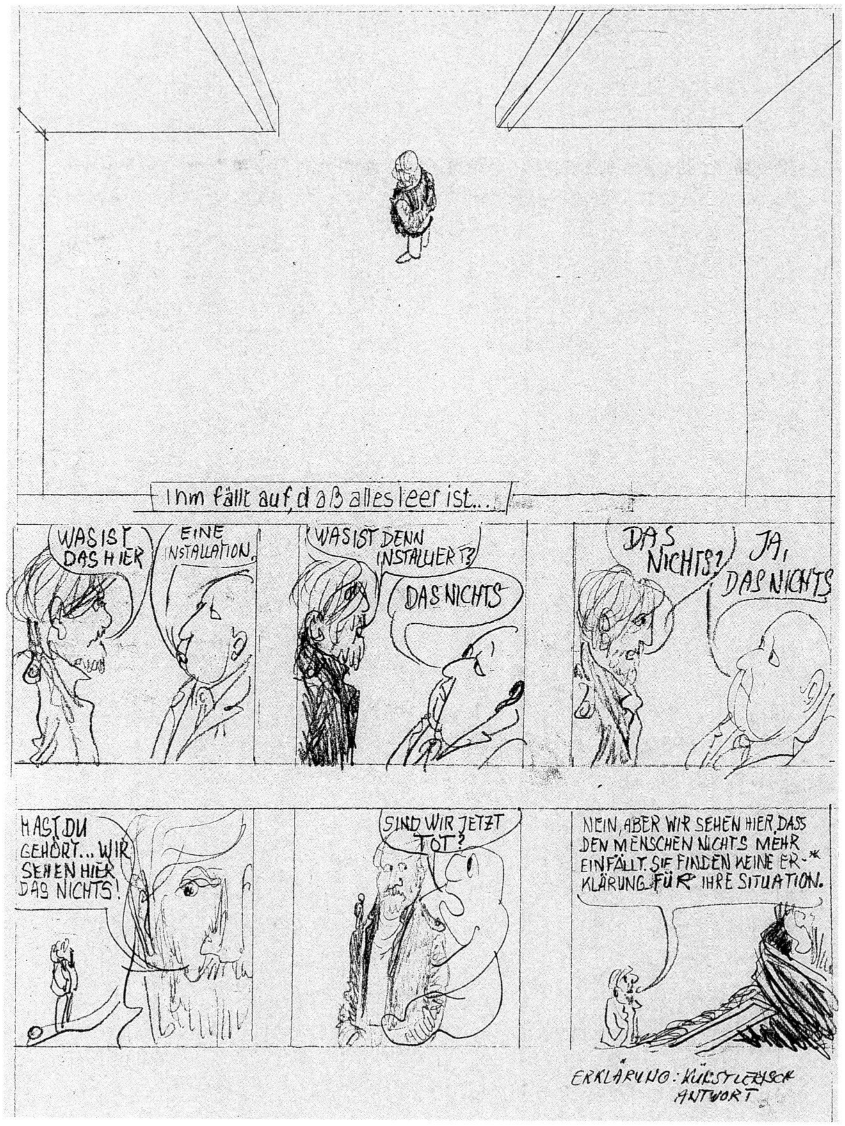

Konkurrenz der Hochkunst

Der Hochkunst wirft Rauch vor, keine künstlerische Antwort auf die Entwicklung zu finden. Als eines der drei K – Kunst, Kommerz, Kommunikation – ist sie Teil eines universellen Systems der Bildverwertung, das an der Aufdeckung seines Funktionierens nicht interessiert ist. Zynisch wird die historische Substanz dem Profit geopfert, wie das abgeschnittene Ohr van Goghs, das Rauch im van-Gogh-Jahr vielfältig reproduziert als ›Kunst für alle‹ (Abb. 121) in die Auslagen geraten sieht. Mozart gerinnt zum Gold-›Oskar‹ (Abb. 122), spielt als Spieluhr gegen Geldeinwurf oder sitzt am Flipper. Der Musikbetrieb wird als Musikwalze aufs Korn genommen, deren Tonerzeuger leibhaftige Sängerinnen sind. Beuys ist allein mit der eigenen Imagepflege beschäftigt. In seinem unvollendeten Comic[10] faßt Rauch zusammen: in der Kunsthalle ist das ›Nichts‹ installiert; Kunst gibt keine Antwort (Fig. 13), wie auch seine ›Persiflage auf ein Schlachtengemälde‹ (Abb. 95, 96) nahelegt: letztlich reduzieren sich die heroischen Pathosfiguren auf inhaltsleere Gewandstudien. Die großen Schlachtengemälde sind Schaukämpfe, die letztlich nur die irrelevante Auseinandersetzung ihrer Zeichenmengen demonstrieren (Abb. 94). Insofern ist Karikatur keine frei gewählte Gattung; implizit vollzieht Rauch ikonographische Katharsis: die niedere Kunst der Karikatur liefert Bilder, um (falsche) Bilder zu zerstören.

›Veralten‹ des Zeichnens

Nicht nur Dichter »müssen sich mit dem Schreibgerät bescheiden, das ihnen ihre Epoche zur Verfügung stellt«.[11] Gleiches gilt in noch stärkerem Maße für den bildenden Künstler. Rauch mußte den Druck des Industrialismus auch auf seine Produktionsmittel erleben. Zeichnen mit den von ihm erprobten Materialien wurde zusehends schwieriger, die bevorzugte Tusche (»Pelikan Fount India, schwarz, deckend, lichtecht, Nr. 518«) geht aus, deren Produktion wird eingestellt. Wo er ihr unterwegs in abgelegenen Zeichengeschäften begegnet, müssen die Bestände auf Vorrat aufgekauft werden (Farbstifte werden ohnehin nur en gros beschafft). Die Federhalter kleinen Durchmessers zur Aufnahme der englischen Zeichenfedern sind längst nicht mehr zu bekommen.

Allmählich fühlt er sich einer aussterbenden Spezies angehörig. »Ich bin der Dinosaurier aller Zeichner«,[12] sagt er von sich. Das ›anachronistische‹ Gewerbe des Zeichners im Medienzeitalter gleicht zunehmend dem feinen Liniengespinst, das in seiner ›Druckerpresse‹ (Fig. 14) vom technisch ungleich solideren und effizienteren Teil jener sich selbst verwertenden Maschinerie verschlungen wird.

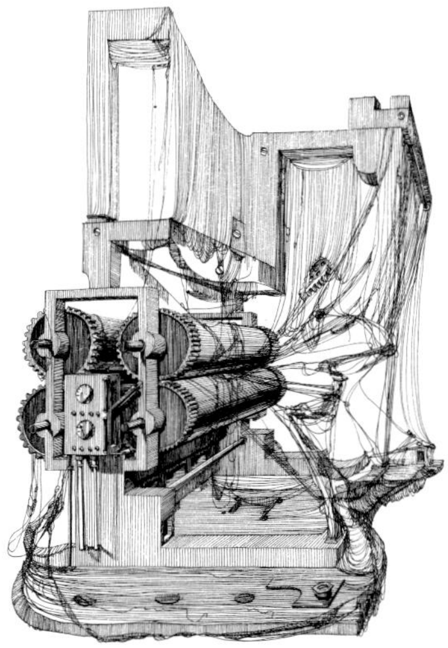

Fig. 14 H. G. Rauch, o. T. [Druckerpresse], veröffentl. 1974

Fig. 15 H. G. Rauch, Meine atomwaffenfreie Zone, veröffentl. 1982

Dabei ist er kein Feind moderner Technik. Nicht nur eine elektrische Anspitzmaschine nennt er sein eigen, um den enormen Verbrauch an funktionsfähigen Farbstiften zu befriedigen. Photographie ist häufig wenn nicht ein Ausgangspunkt, so doch eine Vermittlungsinstanz seines Zeichnens. Ein Fax-Gerät schafft er sich im Gegensatz zu einem eigenen Fernseher, der erst nach der Adoption seines koreanischen Sohnes Kay ins Haus kommt, sehr früh an, um die Kommunikation mit den Redaktionen in aller Welt sicherzustellen – der ›Dinosaurier‹ ist sehr wohl zur ›just in time‹-Produktion fähig. Rückblickend erscheint HGRs entlegenes Domizil abseits der alten Künstlerkolonie Worpswede so etwas wie eine Konsequenz aus McLuhans These vom »global village« – selbstironisch kommentiert in seinem »Zeitzeichen« ›Meine atomwaffenfreie Zone‹ (Fig. 15). Die neuen Möglichkeiten, mit dem Computer zu zeichnen, reizen ihn zum Experimentieren. Doch muß er feststellen: »Das ist nicht mein Ding.«[12]

Dennoch wechselt er nicht die Mittel. Im Gegenteil, die Demonstration seiner zeichnerischen Virtuosität erreicht selbst eine politische Dimension.

Fig. 16a H. G. Rauch,
o. T. [Der Künstler als Pflastermaler], veröffentl. 1969

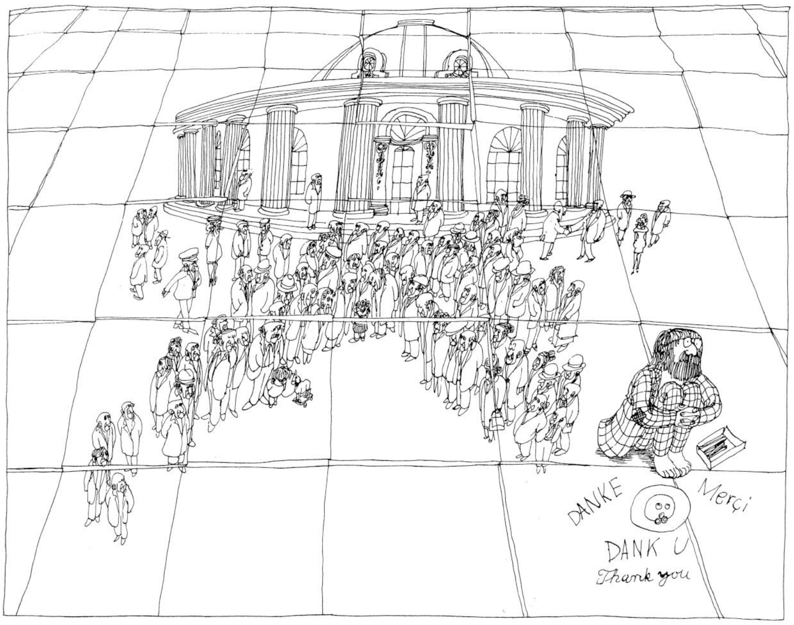

Fig. 16b H. G. Rauch,
o. T. [Der Künstler als Schwellenschnitzer], veröffentl. 1969

III Die Strategie des Zeichnens

Épater le bourgeois.
Die Aufgabe des Satirikers ist es, Metaphern zu finden. *HGR*

Rollenspiele

Eine politische Emanzipationsgeschichte: Gegen die düstere, geschlossene, nur an ihrer Oberfläche heitere Welt revoltiert Rauch. Neben der Suche nach seinem Selbst, individualpsychologisch verstärkt durch das Dunkel persönlicher Herkunft, über die ihn die Mutter erst spät aufklärt, bildet das Moment des Aufbegehrens gegen unentrinnbare Ordnungsgefüge die stärkste Triebfeder für den »schönen Wahnsinn des Zeichnens«. Gibt diese Praxis doch die Möglichkeit lustvoller Selbsttherapie zusammen mit der aufklärerischen Hoffnung auf Proselyten, graphische wie politische Vervielfältigung. In seinen frühen Zeichnungen läßt er frivol seine Schwarzweißfigurinen stellvertretend ihre subversive Tätigkeit ausagieren, wie andere ihre Thesen für sich sterben lassen. In der Hoffnung auf befreiendes Lachen erzählt er die Fährnisse seiner Künstlerexistenz in einer Chronique scandaleuse en miniature. »Vor 1968«, sagt Rauch von sich, »war ich angepaßt; danach nie wieder.«[12]

The draughtsman in disguise – ironisch spielt HGR verschiedene gesellschaftliche Rollen und Funktionen des satirischen Zeichners in der Gesellschaft durch: der widerständige einzelne im ›Polizeistaat‹ (Abb. 28), umgeben von einer Wand von Schergen. Programmatisch auch das jugendlich-ungestüme Leitbild ziemlich zu Anfang seiner Karriere, zugleich mit äußerster Selbstdisziplin akkuratissime gezeichnet, gleichsam dem ballistischen Grundsatz äußerster Dämmung zum Zwecke höchster Explosivkraft gehorchend: der Sprengmeister (Abb. 2), der in einem graphischen Kabinettstückchen die Veränderbarkeit der Verhältnisse vorwegnimmt, den Realismus konkreter Utopie erweist, indem er die Last der versteinerten Verhältnisse, die das kleine Männchen zu erdrücken drohen, in derselben Perspektive zusammenfaßt wie deren Auseinanderfliegen, wodurch die kleine Figur des Drahtziehers den Strichzeichner freigibt – in zeitgenössischer Diktion: eine ›Explosionszeichnung‹, die die Notwendigkeit wie die Möglichkeit behauptet, ›den ganzen Überbau in die Luft zu sprengen‹ – artistisch-anarchische Selbsttherapie: »Macht kaputt, was Euch kaputt macht.« Der Satire-Teufel, der mit seinem Schwanz voll Farbe die Kathedral-Fassade überschmiert und dafür vom Popen verfolgt wird.

Rauch verweist mit gespielter Bescheidenheit auf den unterprivilegierten, künstlerisch wenig geachteten Karikaturisten: den ›Pflastermaler‹ (Fig. 16a), der sich – mit deutlich autobiographischen Zügen – beim Publikum der Hochkunst, dem des klassischen Museums, auf seinem Bild mehrsprachig-ironisch bedankt; auf den Zeichner als ersten aller Simulanten, den antiken Vasenmaler, der mit seinem Zeichnen den Gegenstand erst erzeugt. Er gibt den Regisseur, der auf der Puppenbühne wie im klassischen ›Gesellschaftstheater‹ (Abb. 120) die Szene arrangiert, damit sie auf das Bedeutende hin durchsichtig werde, d. h. natürlich auch auf den Künstler selbst, der in einer Loge an der Szenerie mitwirkt wie Hitchcock in seinen Filmen: Rauch mit Frau und Großeltern (Abb. 119). Den ›Ornamentschnitzer‹, der stoisch-einsam wie ein anderer Sisyphos in schier endloser Ebene die Schwellen eiserner Gleise verschönend dem Zug der Gesellschaft hinterherarbeitet, welcher längst abgefahren ist – oder, dialektisch gewendet, einer gnadenlos pragmatisch orientierten Gesellschaft ästhetisch vorarbeitet, ohne Hoffnung, je anzukommen (Fig. 16b).

›Fleißarbeit‹ (Abb. 26) – in die größte seiner Zukunftssorgen, der Angst vor der Überbevölkerung der Erde, mischt sich augenzwinkernd auch ein Bewußtsein vom Künstler als *alter deus*, Weltenschöpfer; in seiner Kritik ist er gezwungen, die immergleichen Strickmuster der Realität aufzunehmen (Kat. 110). Dies ist auch gerichtet an Kritiker, die ihm Manierismen ankreiden.

Der Künstler tritt in ›1968‹ (Abb. 92) in Rolle und graphischer Diktion des Kindes auf, das unter der Oberfläche der Zeichnung die Sonne einer anderen, doch nur wieder gleichen Wirklichkeit entdeckt, Naivität im Schillerschen Sinne und Distanz verkörpernd, wie zugleich eine Schlüsselmaxime der 68er-Bewegung – ›Hinterfragen‹. »Unter dem Pflaster beginnt der Strand«, »Die Phantasie an die Macht« – die Parolen von '68 richten sich auf die Ausweitung des eigenen Ego, auf Selbstverwirklichung, wollen die erstarrten Verhältnisse, die ihre eingängige Nachkriegsparole im CDU-Wahlslogan »Keine Experimente« gefunden hatten, aufbrechen, ›zum Tanzen bringen‹. Der Künstler ein Abenteurer, ein auf dem Gipfel seiner Striche schwankender Bergsteiger, der beständig abzustürzen droht; der Equilibrist, wie ihn Kritiker nennen.

Man konnte sich als Teil einer weltweiten Realsatire-Bewegung fühlen, die in schnellwachsenden Grassamen ihre Slogans vor Amerikahäusern sprießen lassen wollte: »Make love not war«. Politisches Kabarett hatte eine Hochphase, der (Fritz) Teufel war los in den Gerichtssälen, amtliche Akten mit öffentlicher Verrichtung seiner Notdurft – eine klassische Satirehandlung[13] – bedrohend; ›Lucy in the sky with diamonds‹, ›Demos‹ auf den Straßen.

Panische Flucht (s. Fig. S. 135): die Menge zerstiebt, löst sich auf mit allen Gesten des Entsetzens und der Abwehr. Sie flieht ein Ereignis, dessen chaotische Spuren den Zeichengrund verunreinigen: das abstrakte Abbild eines Auflaufs, eines Massengeschehens. Im Gegensatz zur fliehenden Menge steht ein vollbärtiger Mann, der Künstler, der einen Ausschnitt der Skandalwirklichkeit in Händen davonträgt als Dokument menschlichen Handelns, festgehaltene Spuren der Erinnerung. Im Gegensatz zur fliehenden Menge bleibt er nicht im gewohnten Bild, er überschreitet den Rahmen; abweichendes Verhalten, verkörperter Eigensinn. So bleibt offen, ob die Menge nicht gleichermaßen das Erlebnis ihres chaotischen Zusammentreffens flieht wie das Kunstobjekt selbst, das der Künstler der Gesellschaft abgewinnt. Eigensinn begründet Eigenart. Außenseiter heißt die soziale Disposition des Satirikers. Der Künstler sieht seine Rolle doppelt, als Skandalchronist wie als Skandalmacher, Anstoßnehmer und Anstoßgeber.

Kult des Aufständischen, »Haut dem Springer auf die Finger«, Schlagwörter auf der Straße, Poesie auch und Poetologie: mancher hat das Bewußtsein für Sprache hier gelernt. Rauch sammelt seine Fundstücke an der Atelierwand, auf Randnotizen und Zeichnungsrückseiten. Abrechnung mit der Generation der Väter, Nazivergangenheit, Auschwitz. Politisches mischt sich mit Generationskonflikt (Abb. 79).

Auch später identifiziert sich Rauch mit dem ›low‹-Künstler: mit dem auf Veranlassung des ›großen Geldes‹ wegen eines ›realsatirischen Vergehens‹ (Sachbeschädigung mittels Farbe) im Gefängnis einsitzenden schweizerischen Graffiti-Künstlers Harald Nägeli, Zeichner und Karikaturist mit anderen Mitteln (Fig. 17); Distanz hingegen zum ›high‹-Künstler Beuys, den er, von der Kulturszene zunehmend gefeiert, auf der documenta lediglich mit der Produktion von Denkmälern seiner selbst in unendlicher Serie befaßt sieht, ›6000 Vergeßtnichtmein‹ (Abb. 123).

Fig. 17 H. G. Rauch, Harald Nägelis Schweizer Fr(eiheit), 1984

Zeitgeprägt ist auch sein einziges veristisches Autoporträt von 1979, emphatisch ›Selbst‹ (Abb. 1) betitelt: in Untersicht, en face, stoisch-streng gegen sich selbst (die Platte der Radierung ist verschwunden, ein einziger Abzug bekannt!) und doch stilisiert, das Bildnis eines Bärtigen mit Brille, die Augen weitgehend verspiegelt – wie ein blinder Seher. »Ich verstehe mein Leben durch mich selbst [...] Ich habe genug damit zu tun, [...] nachzudenken und die Welt aus mir heraus zu betrachten und zu verstehen.«[14] Autorenstolz spricht aus ihm (Vergleiche mit anderen Künstlern hört er ungern), wichtiger noch ist ihm das Bestehen auf Differenz, unabdingbare Bedingung echter Urheberschaft.

Doch ist er auch seines Scheiterns eingedenk – der begrenzten Möglichkeiten wie seines kategorischen Imperativs künstlerischen Schaffens –, für das er die grandiose Metapher zwischen Friedrichs ›Eismeer‹ und Dürers ›Melancholie‹ findet, das steinerne Schiff aus ›Prinzip Hoffnung‹ (Abb. 112). »Daß wir uns anstrengen ist nicht der Garant dafür, daß wir obsiegen werden. Der Sinn dieser Anstrengung ist die Anstrengung, nicht der Sieg.«[15] Der selbstbewußte Seher weiß sein Gegenbild im abgehauenen Baumstumpf des ›Ikarus‹ (Abb. 129). Mehr noch, ein Memento mori – der Tod ein objet trouvé (in sein Arbeitsjournal notiert er: »Sollte ich einmal zerbrechen, dann stehend.«) Und doch schlägt der Satiriker ihm ein Schnippchen: der abgestürzte Flieger beißt nicht ins Gras, sondern in eine (Umriß-)Zeichnung.

Medienmensch

Eine Emanzipationsgeschichte wie aus dem kapitalistischen – und so ist, spätestens mit Hogarth beginnend, ungezählter analoger Künstler-Biographien wegen, hinzuzufügen – kunstgeschichtlichen Lehrbuch: »Arbeitswut und Durchhaltewil-

Fig. 18 H. G. Rauch, Castro's Cuba, 1980

len, ein Ehrgeiz ohnegleichen ...«[16] hatten dem gebürtigen Berliner den Weg vom Schaufenstergestalter aus der norddeutschen Provinz über das Zeichnen harmlos-humorvoller Witze und Illustrationen, die Mitarbeit erst an Provinzblättern, dann an Hamburger Tageszeitungen und über ein Studium an der Hamburger Hochschule für Bildende Kunst zur Creme internationaler Blätter wie ›Nebelspalter‹, ›Look‹, ›Punch‹, ›New York Times‹ oder ›Spiegel‹ (Fig. 18) geebnet. Wie im Klischee vom Selfmademan hatte Rauch bei Geldmangel den Zeitungsredaktionen immer wieder seine Aufwartung gemacht, buchstäblich mit einem Pappkarton voller Witze unter dem Arm, um ein Blatt zu verkaufen; als »Witzekiste« wurde er sprichwörtlich bei den Rauchs. Hinzu kamen Einkünfte aus seiner Arbeit als Werbegraphiker und Buchillustrator. Schrift und Bild gehören bei ihm zusammen, auch in der Trauer über den Ausgang dieser liaison dangereuse (Abb. 88). Große Konzerne versicherten sich seiner Feder, in jener Zeit für viele ein Pakt mit dem Teufel.[17] Später dann gab die wöchentliche Kolumne ›Zeitzeichen‹ (1982–1993) in der Hamburger Wochenzeitung ›Die Zeit‹ längerfristig Sicherheit, das Fundament für »freie Arbeiten«. Die Annahme einer Professur lehnte er mit dem Hinweis auf später ab, gemischt mit Abneigung gegen bürokratische Festlegungen (»In zwanzig Jahren vielleicht«).[18]

Systematisch baut er sein Werk auf, in strenger Beschränkung seiner graphischen Mittel gewiß (»Ich bin kein Maler«) und gleichzeitig großer Experimentierlust: der Federzeichnung folgt 1974 die Radierung. Die Technik eignet er sich mit unbändiger Energie von seinem Hamburger Kollegen Wolfgang Werkmeister in einem einwöchigen ›Crash-Kursus‹ an. Meisterliche Radierungen wie ›Libellenbaum‹ oder ›Hirschkäfer‹ (Abb. 180 u. 182) entstehen unmittelbar darauf. Der Farbe wendet er sich zu im Aquarell und wichtiger noch in Farbstiftarbeiten. Ölmalerei ist ihm zu langwierig, widerspricht seinem Temperament.

Kontinuierliche journalistische Tätigkeit war für den zeitlebens ›freelance‹ arbeitenden Rauch nicht nur finanziell, sondern auch inhaltlich existenzsichernd. Die Verbindung zu den aktuellen politischen Problemen bildete den nervus rerum seiner künstlerischen Existenz. Sie verbürgte Aktualität und Überblick, Distanz und Nähe. So hat er sich zeitlebens immer auch als Journalist verstanden.[19] Neben Buchillustrationen konfrontiert ihn seine Arbeit als Zeichner für technische und wissenschaftliche Zeitschriften mit jüngster Forschung, technikphilosophischen und ökologischen Grundproblemen der Gegenwart.

Allegorien der Bildindustrie

Die gespannte Situation der Künste im Zeitalter industrieller Bildproduktion hatte HGR bereits 1971 zu Beginn seiner Karriere in eine das Thema von David und Goliath variierende Maschinenallegorie gefaßt. In seinem frühen ›Farbexperiment mit grünen Klecksen‹ (Abb. 90) versucht er sich gestisch gegen den more geometrico in Gestalt einer Horizont überragenden Megamaschine herrschenden

Industrialismus zu wehren. Mit ungegenständlich-grünen, chaotisierenden Farbflecken trachtet er Unordnung ins gotisch-erhabene Räderwerk zu tragen. Gestische Abstraktion, systematische Nutzung des Kontingenten wird erkennbar als Abwehrreaktion auf technische Rationalität. Aber auch als deren Produkt: die farbigen Zufallsstrukturen gehen aus der Maschinerie hervor (chronologisch umgekehrt, die Maschinenzeichnung entsteht nach den Farbklecksen).

Mit der allegorischen Maschinerie ist offenbar nicht nur das Inbild industrieller Produktion schlechthin, sondern auch industrieller Bilderzeugung im besonderen bezeichnet. Damit geht der Versuch, der phantastisch-großen Bild-Maschinerie auf kleiner Staffelei ein ›realistisches‹ Abbild abzugewinnen, dessen Negativ als leere weiße Fläche an jener sichtbar bleibt, erkennbar ›daneben‹. Naives Bild im Bild, das Kunstwerk im Zeitalter seiner technischen Reproduzierbarkeit ein Nebeneffekt. ›Ästhetik des Verschwindens‹ avant la lettre: »Kleckse liegen normalerweise flach auf dem Papier. Durch kollabierte Räume um sie herum bezeichnet, verschwinden sie plötzlich aus ihrer vorherigen Lage.«[20]

War im ›Farbexperiment‹ (Abb. 90) noch unentschieden, ob Rauch sich ›trotz alledem‹ mit gestischer Infragestellung gegen eine übermächtige Bildmaschinerie wehrt oder aber prinzipielles Unterliegen avisiert, so produziert die neue Stufe der wissenschaftlich-technischen Revolution Gewißheit. Die künstlerische Autonomie selbst angreifende Medien- und universelle ›Übersetzungsmaschine‹ des Computers (Abb. 12) – wahrer ›Raphael ohne Hände‹ – produziert ihrerseits eine anarchische, abstrakt-chaotische, undurchschaubare Zeichenfülle und Signalwüste, die gestische Abstraktion als ästhetischen Widerstandsmodus entwertet. Sowohl der Mühlradidylle wie des gesamten abstrakten Zeichenvorrats in beide Richtungen mächtig, ist diese ›black box‹ zum eigentlichen Konkurrenten des Zeichners avanciert; als selbsterklärender Übersetzer technologischer Zivilisationsrätsel wie als eigenständiges Produktionsmittel. Weder mit analogen noch

Fig. 19 H. G. Rauch,
o. T. [Computerlandschaft],
veröffentl. 1985

Fig. 20 William Blake, The Ancient of Days, 1794

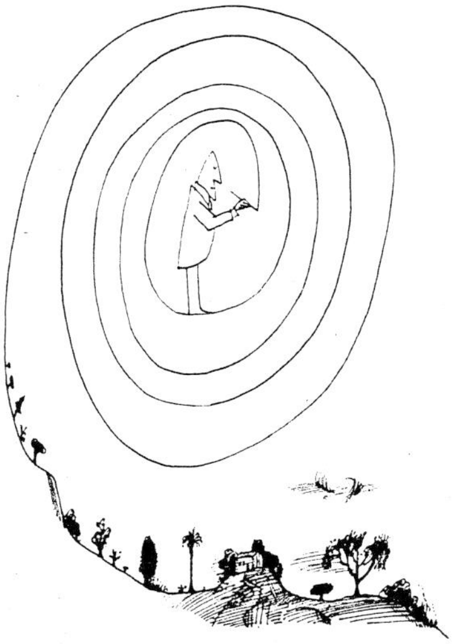

Fig. 21 Saul Steinberg, Zeichner, 1964

mit antithetischen Abbildungsverfahren allein ist dem Jahrhundert-Mechanismus technischer Reproduktion, der bildgebenden Industrie, beizukommen. So ist der Computer auf der Walstatt der Medienlandschaft unumschränkter Sieger. In der ›Battle of the pictures‹ (Hogarth) begräbt dessen Armee die Ruinen der Printmedien unter sich (Fig. 19).

Der ›zeichnende Arm der Industriegesellschaft‹ (Abb. 10) hat den göttlichen Zeichner der disegno-Theorie beerbt, der den Erdkreis mittels Zirkel – eben more geometrico wie hier bei William Blake – entwirft (Fig. 20). Schon Rauchs erklärtes Vorbild Saul Steinberg hatte Kunst im Horizont des Computers gemacht und gefürchtet, daß der Zeichner sich, spiralförmig in seinen eigenen Linienkosmos verschließend, lediglich selbst zur Linie verzehrt und zu Natur reduziert (Fig. 21).[21] Die computergesteuerte Maschine ›zeichnet‹ die Realität in globalem overall nach dem immergleichen Muster von Autowracks, denen ihre Insassen unrettbar einbeschrieben sind. Rauchs Persiflagen auf die ›industrialisierte‹ Kunst vom Fließband, ›Volkshochschule‹ (Abb. 93), oder die Feedback-Unit von IBM, die das Motiv des Farbexperiments ironischerweise in einer dann auch prompt ausjurierten Auftragsarbeit für ›Big Blue‹ variiert (Abb. 44)[22], attackieren das durchschnittliche zeitgenössische ästhetische Vermögen: Illusionsproduktion. So verstanden, liefert Kunst im Rahmen globaler Industrialisierung der Simulation die emotionale Rückversicherung intakter Natur. Maschinelles trompe-l'œil zwingt den satirischen Zeichner, seine Strategie zu überdenken.

Selbstbewußt verkehrt er die Verhältnisse in seinem Programmbild ›Umgekehrt‹ (Abb. 100), das eine entropische Hochgebirgslandschaft mit See und bedrohlich-schwarzem Wolkenband zeigt. Der Künstler scheint seine Arbeit an dem Bild eben dieser Landschaft gerade beendet zu haben. Näherem Zusehen erweist sich das Authentizität verbürgende Gemälde jedoch als Photographie. Überraschenderweise verändert der erkannte Augentrug die Wahrnehmungsbilanz zunächst nicht: der Eindruck authentischer Realität wird auch von der Photographie gewahrt. Der durchschnittliche, von der Realitätsmächtigkeit industrieller Medien überzeugte Blick setzt sich durch. Dann jedoch wird Störendes, konstruktive Differenz, erkannt: das Photo steht auf einer Staffelei, wird selbst ausgestellt, steht zur vorgegebenen Landschaft keineswegs im Verhältnis direkter Proportionalität. Das Bild im Bild entspricht ihr oberflächlich. Es gibt zwar das dunkel-bedrohliche Wolkenband wieder, die symbolische Einschließung des Ozonlochs, nicht jedoch dessen Wirkung auf die Erdoberfläche. Der Vordergrund der ›automatischen Zeichnung‹ Photographie gibt alles schwarz in schwarz, verstellt die Wahrnehmung der realen Schäden. Der zeitgenössische Blick in seiner physikalisch-chemischen Fixierung und die Zeichnung stehen in offenbarem Widerspruch zueinander. Das scheinbar realistische, industriell erzeugte Abbild der Wirklichkeit gibt diese nicht heraus – wie schon Brecht wußte. Umgekehrt wird die Zeichnung als Medium der Kritik installiert, das die optische Suggestivität scheinbar objektiver Strukturen intentional durchbricht und auf die Zerstörung der Lebensgrundlagen, auf das Ozonloch, auf ›Wahrheit‹ hin durchsichtig macht. ›Mangelnde‹ Durchzeichnung ist nicht artistischer Frivolität geschuldet, sondern der konzeptiven Dimension, die auf die Aufhebung von Illusion zielt.

Die allegorische Dimension des Staffelei-Bildes, dessen Stelle heute die Photographie einnimmt, macht der Vergleich mit einem Programmbild der frühen Moderne, mit Gustave Courbets ›Atelier‹ von 1855 deutlich (Fig. 22). Courbet stellt ebenfalls die Landschaft auf der Staffelei programmatisch in den Mittelpunkt: das Bild urwüchsiger Natur ist seine Metapher des Widerstandes, mit der er Freund und Feind konfrontiert. Aus ihrem Bild gewinnt seine Malerei ihre utopische Kraft und das Versprechen einer Überwindung ausbeuterischer Deformation und Unterdrückung im Zeichen des Industrialismus.

Nicht so Rauch. Er sieht das Ende nicht nur der industriellen Zivilisation in vielfältiger Weise – sondern auch das Ende der Natur, so wie wir sie kennen (Abb. 162, 163). Wiedergewinnung intakter Natur bleibt dabei sein Ziel.[23] Landschaften wie *Lanzarote* (Abb. 166) mit ihren delikat-erotischen Qualitäten, die wie bei Courbet die Erinnerung an die weibliche Gestalt der Erde evozieren, belegen das augenfällig. Verstellt wird dieses Ziel durch die virtuellen Scheinwelten des industriellen, vielfach manipulierten Bildes, für das die Photographie stellvertretend am Pranger steht. Das maschinelle Bild beraubt die Menschen zunehmend ihrer Erkenntnismöglichkeiten und Identität, wie einst Peter Schlemihl seines Schattens verlustig ging (schon in seinem ›Fernsehstudio‹ in ›Die schweigende Mehrheit‹ stehlen die TV-Kameras gleichsam der Menge ihr Bild, um es in der ›hellen Kammer‹ aufscheinen zu lassen, technisch jederlei Zugriff verfügbar haltend in jedem gewünschten Bildausschnitt, während die reprodu-

Fig. 22 Gustave Courbet, Atelier (Detail), 1855

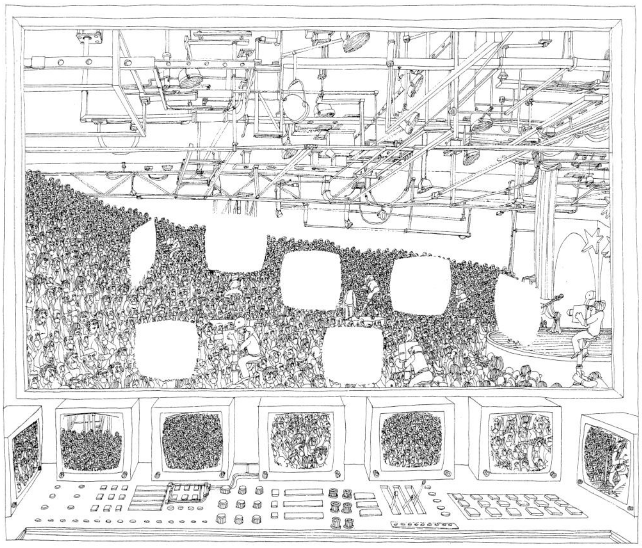

Fig. 23 H. G. Rauch, o. T. [Fernsehstudio], veröffentl. 1974

zierte Wirklichkeit von blinden Flecken deformiert zurückbleibt, Fig. 23). Daher rührt einerseits die Aufbietung aller illusionsbrechenden Waffen satirischer Herkunft: das Nebeneinander allerhöchsten Simulationsaufwandes, zu dem handwerkliche Technik fähig ist, und andererseits dessen nonchalante Auflösung: Bilder, um Bilder zu zerstören.

Zeichnen in der Tradition der Moderne

> *Da alle Medien Ausweitungen von uns selbst oder übertragene Formen von Teilen unserer Person aus verschiedenem Material darstellen, hilft uns jede Untersuchung eines Mediums, alle anderen zu verstehen.*
>
> *McLuhan, Understanding Media, 1964*

Medienreflexion und Selbstkritik gehören in der Moderne zu den traditionellen Selbstverständlichkeiten des Zeichnens.[24] Beobachtung und Bewertung der gesellschaftlichen Sehweisen und Bildtechnologien gehen notwendig in sie ein. Rauch reagiert auf drei Ebenen: erstens motivisch mit Karikaturen zur Medienentwicklung und zur Rolle des Künstlers, zweitens formal in der demonstrativ-obsessiven Entfaltung der zeichnerischen Techniken und drittens mit der Sublimation von Formcharakteren und Strukturmerkmalen außerkünstlerischer Technologien.

Er führt die grundlegenden Zeichenelemente vor Augen: Medium des Zeichners ist seine Hand, Organon des Geistes und ihre materielle Spur auf der Fläche: Punkt, Strich, Linie. Sein Pars-pro-toto-Porträt ›Alles Schwarz‹ (Abb. 106) gibt sich wie die ironische Interpretation eines Klee-Wortes (verführerisch der Gedanke, daß er auch in seinem letzten Bild, Abb. 104, darauf zurückkommt): »Die Graphik als Ausdrucksbewegung der Hand mit registrierendem Stift, wie ich sie wesentlich betreibe, ist vom Umgang mit Ton und Farbe so grundverschieden, daß man diese Kunst motivisch ganz gut im Dunkeln ausüben könnte, in finsterer Nacht.«[25] Im Laboratorium der Federzeichnung entwickelt HGR das Arsenal seiner Techniken, die er dann auf Radierung und Farbarbeiten überträgt, dort weiterentwickelt. »Eine schwarz-weiß Zeichnung könntest Du in Einzelteile zerlegen, Du könntest sozusagen ein Ersatzteillager daraus machen«.[26] In ›Galerie‹ führt er uns dieses vor, wobei der Künstler allerdings ›Probleme‹ mit dem komischen Personal der Zeichnung hat, das sich seinem Zugriff zu entziehen sucht (Abb. 110). Aus der bewußten Selbstbeschränkung auf das Zeichnen in konsequenter Abgrenzung besonders gegen die hyperrationalisierten und hyperbeschleunigten ›neuen Medien‹ resultiert – idealtypisch rekonstruiert – die Strategie des Zeichners: eine Strategie der Verlangsamung, der Muße und des Spiels, des Zeitverlierens, der Sinngewinnung aus aleatorisch in einer ›chaotischen‹

Frühphase des Zeichnens gewonnenen Strukturen – Zeichnen in der Tradition der Moderne. »Die meisten Ideen habe ich, wenn ich mich verzeichne.«[27]

Eine solche Schlüsselszene zwischen Zeichengenese und -destruktion stellt Rauch in einem ›Prolog‹ seinem großen, phantastisch-realistischen Zyklus ›Physiognomia arborum‹[28] voran (Abb. 130). »Dieses Blatt erzählt vom Aufbau des Zerfalls sowie vom schönen Wahnsinn des Zeichnens.« Rauch löst eine am oberen Blattrand gegebene Zeichenstruktur, eine Baumrinde, in ihre konstituierenden Elemente, in die unterschiedlichen, dem Zeichner zur Verfügung stehenden Strichmodalitäten auf. Dabei wendet er sich im vertraulich-anordnenden Ton eines Ballettmeisters in direkter Rede an die Striche selbst: »Vorsichtig hineinwirbeln«, »enger«, »Welch ein Chaos« oder »Hinauf mit Euch.« Mit der Vertiefung in diese »Vorrede« erkennt der ›zuhörende‹ Leser aber zunehmend eine Gegenbewegung zur Auflösung, die Aufforderung an die Striche, sich zu formieren. »Sorgfältig und zart daherkommen«, »Ordnet Euch zu Schlangen«, »Gebt Euch einen Sinn«, »Schließt Euch vorsichtig zusammen«, »Bezieht Euch aufeinander, aber eng, ganz eng«, während andere getadelt werden: »Ihr liegt hier so angelegentlich herum, habt ihr nichts Besseres zu tun?« Mit dem Moralischen im Universum der Strichindividualitäten wird unterschwellig auch Politisches vernehmbar: »links rein«. Radikale Konzeption politischen Zeichnens: Politisierung auch des einzelnen Strichs!

Bereits in seinem 1978 zuerst in Amerika erschienenen Zeichenbuch für Kinder ›Die Striche kommen‹ hatte er sie nacheinander vorbeiparadieren lassen, um ihre spezifischen Möglichkeiten an einem Beispiel demonstrieren zu können: »Am Phantasietag ist im Papierland jeder Strich unterwegs, um den großen Umzug zu sehen«: Dünnstriche, Winzigstriche, Schwingstriche, Dickstriche, Dünndickstriche, Langstriche, Häßlichstriche und ihre Kombinationen zu Strichlagen. Neun Jahre später hat sich der Untertitel ›Von der Lust zu zeichnen‹ in den »schönen Wahnsinn des Zeichnens« im ›Prolog‹ verwandelt – gezeichnet dennoch mit derselben Lust. Rauch führt hier Gedanken von Paul Klee fort, der diese Methode am Bauhaus gelehrt hatte (Formbildung und Formbestimmung). Er zählt ihn neben Dürer und Horst Janssen zu seinen zeichnerischen Vorbildern.[29] Klee hatte seine Schüler mit einer ähnlichen Liniengeschichte zu motivieren versucht.[30]

Die politische Choreographie des ›Balletts der Striche‹ im ›Prolog‹ entspricht auf frappierende Weise neuronalen Strukturen des Gehirns (Abb. 130 u. Fig. 24), mit denen sich HGR intensiv auseinandersetzte, lange bevor das ›Human Brain Project‹ gestartet wurde, das die Erstellung einer Landkarte des Gehirns, des ›komplexesten Gebildes des Universums‹, zum Ziel hat. Rauchs Strichassoziationen ähneln den baumartigen Verästelungen der Nervenzellen, den Dendriten: Analogien mit dem ›Baum der Erkenntnis‹ en miniature und Klees topographischem Plan für eine ›Reise ins Land der besseren Erkenntnis‹ stellen sich ein, die sich Rauch nicht entgehen läßt. Er weiß sich hier in Übereinstimmung mit neuester Medizintechnik, mit bildgebenden Verfahren, die die Geistestätigkeit sicht-

Fig. 24 Neuronale Nervenzellen

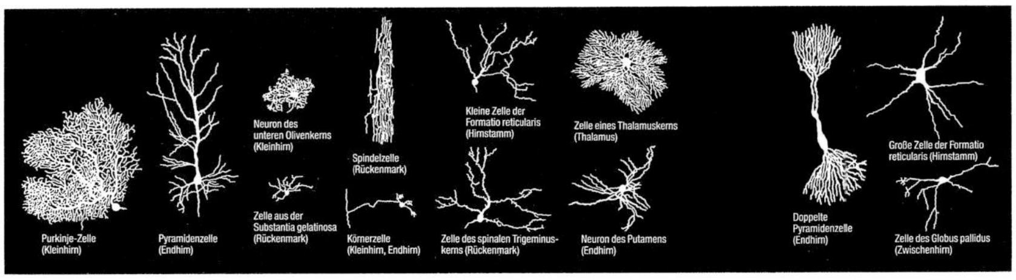

bar machen, wie die Kernspintomographie, PET, dem EEG, das selbst kleine Gedankenblitze als Zacken registriert, aber auch mit dem ›Elektronengehirn‹, wie der Computer damals oft genannt wurde. Zeichnen stellt somit die »Endphase der Ausweitung des Menschen – der technischen Analogiedarstellung des Bewußtseins …« dar, wie sie McLuhan imaginierte. – Ein »Künstler und Spieler mit dem Programm des Wissenschaftlers«.[31]

»Der Aufbau des Zerfalls« gewinnt in seiner Gesamtheit organische, prozessuale Qualität. Die Zeichnung wird zum Analogon psycho-physischer Prozesse: »Seele ist die Summe der neuronalen Befindlichkeiten. Wenn das so ist, ist Seele ein beständig sich ändernder Zustand.«[32] Sie erfüllt Funktionen, die Aby Warburg der Karikatur als »nervöse Auffangsorgane des inneren und äußeren Lebens«[33] zuordnet. Die Interpretation stellt eine quasi materialistische Wendung des ›Idea‹-Begriffs der platonischen Tradition dar: die Zeichnung wird nicht nur der Idee gleichgesetzt, sondern auch der physischen Struktur unseres ›Zentralorgans‹. Wie dessen nervliche, so helfen die graphischen Strukturen des satirischen Zeichners »dem Bewußtsein bei der Arbeit: denken, wahrnehmen, informieren, speichern, Bewegung kontrollieren, Gefühle ausdrücken, kommunizieren«. Zeichnen bildet Nervengewebe, Kontaktstellen zur Bewußtseinserweiterung; Zeichnen erstellt Denkbahnen. »In der Hirnforschung wird gegenwärtig ein ungeheures Tor aufgestoßen, die Grenzen unseres Wissens zu sprengen. An diesem Prozeß will ich beteiligt sein – als Satiriker.«[34]

»Vom Aufbau des Zerfalls«: er läßt sich in beide Richtungen lesen – satirisches Zeichnen ist bestimmt vom Prinzip der Dekonstruktion. Mit ihm offenbart es seinen Mittelcharakter zwischen verschiedenen Zeiten, Zwecken, Zuständen. Einerseits ist Realität beherrscht vom Zerfall, Negativität ihr Prinzip, andererseits bildet das dekonstruktive Prinzip das Unterpfand satirischer Souveränität, Negation der Negation. ›Dekonstruktion‹ (Abb. 142) heißt dann folgerichtig ein weiteres programmatisches Blatt des Zyklus, in dem HGR souverän unterschiedliche Stränge seines Denkens zusammenführt. Es ist zugleich eine der eindringlichsten Definitionen der Umweltzerstörung – die Rauch vom Beginn selbständigen Denkens an beschäftigt (Fig. 6) – wie auch Darstellung des Grundprinzips der Satire.

Rauchs Konzeption satirischen Zeichnens läßt sich somit als Synthese aus Klees bildnerischem Denken, Warburgs Auffassung der Karikatur, McLuhans Medienverständnis als Ausweitung der Person und Rauchs eigenem Politikverständnis begreifen.

Demonstration zeichnerischer Technik

In der Konkurrenz der Medien ›heizt‹ HGR das ›kühle‹, detailarme Medium seiner frühen Karikatur und vieler Zeitzeichen zu ungeahnter ›Auflösung‹ auf, zur ausführlichen, detailreichen satirischen Zeichnung. Seine virtuosen Techniken erreichen dabei teilweise einen Stellenwert, der sie zu einem Subtext werden läßt, der scheinbar an die Stelle ihrer politisch argumentierenden Dimension tritt.[35] Originär ›karikierende‹ Verfahren spielen dabei eine Hauptrolle wie Spiegelung (Abb. 111), Drehung, Umkehrung, Klappen (Abb. 42, 118) oder Verzerren (Abb. 80) und Trompe-l'œil-Effekte (Abb. 75, 111). Die Verschränkung unterschiedlicher, ineinander greifender Bildebenen erzeugt eine Art Vexierspiel (Abb. 97, 182) und führt zur intendierten Wahrnehmungsverunsicherung.

»Wichtig ist der ständige Wunsch, zu analysieren und mit dem Ergebnis zu spielen. Erfahrungen des Sehens durcheinander zu bringen, Wahrheit, die Wahrheit erst zu finden und sie dann in Frage zu stellen. [...] Das ist eine Reaktion auf die Welt, die man getrost als sehr subjektiv einschätzen kann, als Rache gewissermaßen.«[36] Anfänglich war es ihm besonders um die direkte Übersetzung grundlegender Sozialstrukturen in solche der Zeichnung zu tun, wobei die Grenze zwischen Struktur und Metapher fließt. Porträtkarikaturen kommen höchst selten vor. Er findet Strukturmetaphern, die das Verhältnis von Individuum und Masse in Kategorien des zeichnerischen Einzelelements und des Rasters, von Netzen, Schleiern oder der Textur beschreiben; die gesellschaftlichen Zusammenhang durch eine Verbindungslinie (›seidener Faden‹) angeben (Abb. 35). Er entwickelt Strukturmetamorphosen, wobei ihn besonders der Umschlagspunkt im Strukturwandel interessiert, der Punkt, an dem das Individuum unter dem osmotischen Druck des Sozialverbands gegen seinen Willen ein anderes wird, wie in ›Tödliche Struktur‹ (Abb. 39, 40). Muster von Leiterplatten, collagierte Chipstrukturen dienen als Fortschrittsmetapher. Unterschiedliche Dimensionen bezeichnen Machtverhältnisse, wie z. B. in der klassischen Relation von Figur und Überfigur, oft kombiniert mit Strukturmetaphern (Abb. 28, 29, 30, 31, 41). Versteinerungen des Gesellschaftlichen versteht er als Sprache zu lesen, Architektonisches[37] ist ihm daher so wichtig. Geistig Unbewegliche hausen – von Rauch zutiefst verachtet – massenhaft zusammen wie bewußtlos-lebende Korallenbänke (Abb. 58). Immer wieder thematisiert Rauch die Materialität des Zeichnens, dessen existentiell prekäre Grundlage, das Papier, anfangs noch primär politisch aufgeladen, auch aus der Distanz der Radierung (Abb. 113, 114). Momente der Kontrast- und Materialkoppelung, v. a. in Collagen, Verwirrspiele mit der Materialverwendung, der Materialvortäuschung, der Simulation werden häufiger in Analogie zur ›immateriellen Ästhetik‹ der industriell-flüchtigen Bilder, besonders in den Farbarbeiten. So wurde Rauchs Einbeziehung der Farbe in sein Repertoire denn auch mit der Einführung des Farbdrucks in der Presse, seinem Hauptarbeitgeber, in Verbindung gebracht [38] (ein künstlerischer Auslöser war das Erlebnis der frühen Farbarbeiten Horst Janssens). Mit der Farbe[39], besonders der Farbstiftzeichnungen, erreicht er ein Äußerstes an Raffinement und zeichnerischer Delikatesse. Selten farbige Linien verwendend, erzeugt er einen strichlosen, geradezu immateriellen Farbauftrag. Schimmernder Farbhauch und ungreifbare Schattierungen werden durch die Mischung erst auf dem Papier, durch das Übereinanderlegen der Farben erreicht. Er provoziert den Betrachter mit der ›Ununterscheidbarkeit‹ der Techniken. Der Zeichner äfft die Collage, die collagierte eigene Zeichnung das fremde Material, die Photographie; die Photographie wiederum die Zeichnung. Ist das ausgeschnitten oder gezeichnet?

Sublimierung der Medien-Technologie

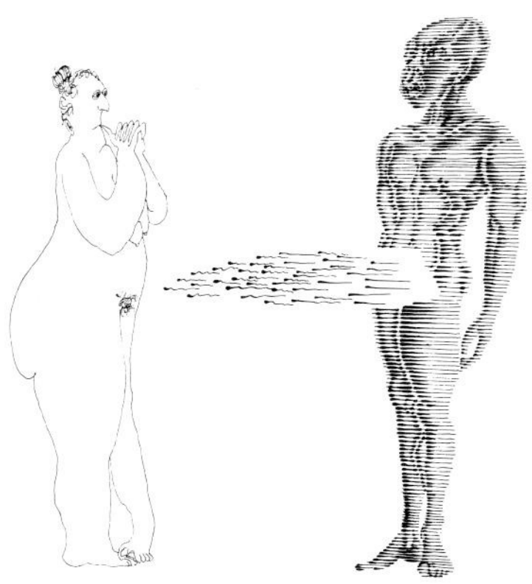

Fig. 25 H. G. Rauch, o. T. [Fernsehpaar], veröffentl. 1974

Rauch verweist nicht nur indirekt auf die anderen Medien, indem er die medialen Qualitäten des Zeichnens hervorhebt, sondern direkte Spuren der anderen im eigenen Medium finden sich ebenso: Momente der Photographie, des Films, des Fernsehens, des Computers. Unübersehbar die zeichnerische Simulation der Zeilenschaltung des Monitorbildes (Fig. 25, Abb. 104). Das ›Fernsehpaar‹ reflektiert die ›Lesbarkeit der elektronischen Welt‹: die Zeichen, die das Paar optisch verbinden, imaginieren ›Spermien‹, genetischen Code, ›Geheimschrift des Lebens‹ – ebenso wie deren Übersetzung in Information, Daten, Monitorsignale: auch »Zeichnungen werden mit einem bewegten Punkt gemacht«.[40] Rauchs Schnitt-Technik gehört hierher: einerseits in Anlehnung an die Filmtechnik, andererseits in der Tradition der kubistischen Collage oder Klees Schneidetechnik. Neben der Collagierung eigenen ›Zeichenmaterials‹ werden fremde Bilder, Photographien, Zeitungs- und Buchillustrationen benutzt und ebenso Ausschnitte, die wie Ausschnittsvergrößerungen wirken. In ›Verkehrt‹ führt er die Inversion eines filmischen Aufnahmetricks vor, der darin besteht, gefährliche Szenen oder Kletterpartien an hochgelegenen Orten in der Horizontale zu filmen und erst später in die Vertikale zu drehen. Rauch läßt die Hausfassade jedoch in der Horizontale liegen und besiedelt sie mit einer Straßenszenerie, die in der Ebene spielt (Abb. 127). Rauchs Bemühungen um Prozessualität zeigen deutliche Nähe zur Filmtechnik der Überblende. Sie ermöglicht die Überlagerung verschiedener Bilder oder Bildzonen (Abb. 99). Als Überblende lassen sich auch die surrealistische Verfremdung und Übersteigerung ihrerseits hochfiktiver Filmszenen lesen wie seine Paraphrase auf Jean-Luc Godards ›Weekend‹ (1967) in ›Die Schlacht am Pfingstsonntag‹, in der er die inszenierten, rituellen Zivilisationsverluste des Straßenverkehrs in eine phantastische Reiterschlacht übersetzt.

Ein weiteres Beispiel ist seine Adaption von Stanley Kubricks ›2001. Odyssee im Weltraum‹ (1968) in einer seiner beeindruckendsten Zeichnungen ›Europa – Quo vadis‹, die auch als Zeitzeichen ›Raumschiff Europa‹ erschien. Die High-Tech-Fähre besteht bei Rauch aus einem archäologischen Pasticcio, das sich aus Elementen des Forum Romanum und des Kolosseums zusammensetzt (Abb. 128). Das Rauchsche »drawing in action«[41] zeigt flüchtende Linien, abhebende Strukturen wie ein Echo des Verschwindens elektronischer Bilder im Monitor oder des verzögerten ›Bildaufbaus‹ von digitalen Bildern infolge der zu seiner Errechnung benötigten Zeit (Abb. 105, 167, 168, 169, 171). Bildraster mit einer Auflösung von 19 × 20, von 380 ›Bildpunkten‹, erinnern an die herrschende Bildstruktur: an das Mosaik des Fernsehbildes (McLuhan), an die Simultanprojektion von Diapositiven einer Multivision oder die ›thumbnails‹ elektronischer Bilddatenbanken (Abb. 101, 102, 103). Rauch gibt eine satirische Definition optischen ›Auflösungsvermögens‹. Zerstückte Menschen, zerstückte Strukturen – die Verfügungsmasse des Optischen: bevor der Betrachter den ideellen Übertrag auf die elektronischen Medien leisten kann, waren sie Verwertungsmaterial unter der Hand und Schere des Zeichners. Er thematisiert die Macht der Medien in dieser sublimierten, in der ›großen satirischen Form‹.

IV ›Satirische Landschaft‹

> *Satyrisch ist der Dichter, wenn er die Entfernung von der Natur und den Widerspruch mit dem Ideale… zu seinem Gegenstand macht.*
>
> *Schiller, Über naive und sentimentalische Dichtung, 1795*

Das Drängen auf die große satirische Form schuldet sich der Verselbständigung der Forminhalte in globalem Maßstab: »Das Medium ist die Botschaft«, so McLuhans berühmte Formel.[42] Verselbständigung aber bedeutet Überblendung, Desintegration, Auflösung der Sachinhalte.

Desintegrationsphänomene entdeckt Rauch auf allen zivilisatorischen Ebenen. Die Krise der Wahrnehmung ist in der Öffentlichkeit wie in der Privatsphäre ausgeprägt. Selbst die Beziehung der Geschlechter ist massenmedial überformt, wie die banale Szene eines Striptease im bürgerlichen Wohnzimmer zeigt. Die stereotype weibliche Standardfilmpose mit erhobener Rechter und lasziv fallendem BH und die abstrakte Diktion nervlicher Signalleitungen weisen darauf hin, daß es sich um vergesellschaftetes Reizgeschehen handelt. Der »Einbruch des Intimen ins Private« (Amman) reduziert erotische Kommunikation auf Elementarreize, die Akteure zu bloßen Signalexistenzen. Noch drastischer wird das formuliert in ›Kleiderorgie‹ (Abb. 54). Hier karikiert Rauch das mediale Stereotyp des Orgiastischen, indem er das Sprichwort »Kleider machen Leute« wörtlich nimmt: allein die Kleidung nimmt jene ›Stellungen‹ ein, die Auflage oder Einschaltquoten garantieren. In ›Small talk‹ (Abb. 49) verwendet Rauch an Twombly erinnerndes Strichgeflecht, um Nullsummenkommunikation zu signalisieren. Die Kommunikationsgeräusche einer Menschenmenge haben sich in einem der typischen Guckkasteninterieurs wie vor einer Projektionsleinwand über die Köpfe der Versammelten zu einer Zeichenwolke erhoben: eine Allegorie der Informationsgesellschaft: »Jede Menge Small talk bildet eine hohe Wolke. Aber keine Angst, Geist regnet es niemals.«[43]

Solche Medien-Gespenster[44] sind ein wesentliches Element des Rauchschen ›Menschenbildes‹: ob als Schemen der Erinnerung in unterschiedlichen Intensitätsgraden wie in ›Großmutters Geburtstag‹ (Abb. 47), oder collagiert mit ›Playboy‹-Photos (Abb. 53) als personifizierte primäre Sexualmerkmale. Rauch zitiert vagabundierende Bildfetzen, isolierte hochhackige Schuhe, rote Fingernägel, blanke Brüste, laszive Münder, die Bildkonserven-Reste im leeren Kopf-Kino und löschresistente Nachbilder kollektiven Gedächtnisses (Abb. 55). – Er karikiert die Vision der Lichtgestalt des Papstes über dem Globus, die auf den Köpfen schwangerer Frauen und dem Meer der Menschheit lastet – unzählig klagen gläubig leere Augen (Abb. 61, 62). Oder ein anderes Errettungssymbol: ein eben solches Meer von ›Fans‹ (Abb. 63) – grotesk reduziert auf Jubelmünder, gereckte Extremitäten, massenverschmolzene Köpfe – ›betet‹ das gesundmachende Kreuz, die ›eherne Schlange‹ eines Bühnenmikrophons an: wer sie erblickt, wird nicht von den giftigen Schlangen gebissen (4. Mose 21, 6–9) – eine giftige Satire auf den Kult der Popmusik (vgl. Abb.124). »Unser Privat- und Gemeinschaftsleben ist zu einem Informationsprozeß geworden, eben weil wir unsere Zentralnervensysteme mit der Technik der Elektrizität nach außen verlagert haben.«[45]

Zu den vagabundierenden Bildern und Bildfetzen gehören auch Schwebemotive, die den Zustand der ›Hochkultur‹ charakterisieren. So die frühe Meisterzeichnung ›Schrott in der Schwebe‹ von 1975 (Abb. 108). Die schwereentbundenen Metallteile steigen zum Informationsgut auf in dieselbe Sphäre, wie die aus ihrem historisch-kulturellen Kontext entkoppelten Architekturfragemente nach Piranesi (Abb. 126). »Unser Müll ist Kunst geworden. Unser Müll ist Geschichte geworden.«[46] Architekturvisionen wie diese begründen nicht zuletzt den künstlerischen Rang Rauchs, der mit Piranesi auf dessen eigenem Felde, der Radierung, wetteifert (Fig. 26). Es spricht für HGRs formale Intelligenz, nicht nur die logische Konsequenz aus den künstlerischen Intentionen Piranesis[47] gezogen zu haben, die auf die Auflösung des barocken Architektursystems zielten, sondern gleichzeitig den symbolischen Gehalt auf die Gegenwart zu projizieren: wie eine Explosionsdarstellung in einem späteren Stadium konfrontiert uns das dingliche overall mit einer neuen Variante der labyrinthischen Variationen. Weder identifizierbarer Innen- noch Außenraum, unerwartet sich auflösendes Raumsystem,

Fig. 26 Giovanni Battista Piranesi, Carceri d'Invenzione, um 1761

eine kulturelle Sphäre in der Schwebe, ohne Anhaltspunkte, nach einem Urknall auseinanderdriftend: gewissermaßen neue *carceri d'inventione*, neue Gefängnisse der Erfindung als Variante der Dschungel-Metapher – ›Kerkersystem‹ einer losgelösten Bildwelt. In den Kontext der von römischer Archäologie inspirierten Architekturphantasien Piranesis gehört auch ›Europa - Quo vadis?‹ (Abb. 128), wo das schwebende Kulturfragment als graphische Frageform auftaucht.

Hatte Rauch in seinem ›Doppeltext‹ meist Forminhalt gegen Sachinhalt implizit argumentieren lassen, so zieht er Ende der 80er Jahre die Konsequenz aus der zunehmenden medialen Nivellierung der Sachinhalte. Mit logischer Konsequenz hebt er den bisherigen Subtext an die Oberfläche, gibt ihm einen Hauptpart in seiner Form der *Medienlandschaft.* Die lockere Folge großer Farbstiftzeichnungen zum ›Aufstand der Landschaft‹ bildet den Höhepunkt seines Schaffens. Sie ist sein Beitrag zu den ästhetischen Diskursen der achtziger und neunziger Jahre.

Für die Krise der Wahrnehmung, die Sinn- und Orientierungskrise nach dem Zusammenbruch des ›Kommunismus‹ und die ›neue Unübersichtlichkeit‹ (J. Habermas) findet Rauch 1991 die Epochenmetapher des *Horizontverlustes*, vergleichbar allenfalls Stephan Hubers und Raimund Kummers Installation des zusammengestürzten ›Firmaments‹ aus dem selben Jahr.[48] Ein auf der Bildhälfte zusammenbrechender Horizont – ein Capriccio, ein launiger Einfall zweifellos, entstanden aus äußerster Reizung des Darstellers, etablierte Sehgewohnheiten zu brechen. Eine radikale zeichnerische »Demonstration, die wie ein Exempel statuiert wird«.[49] Ein Spiel mit der Zentralkategorie innerweltlicher Orientierung auch im übertragenen Sinne, der die Bedeutungen nur so zuwachsen. Benjamin illustriert seinen Begriff der Aura an ihm: die »... einmalige Erscheinung einer Ferne, so nah sie auch sein mag. An einem Sommernachmittag ruhend einem Gebirgszug am Horizont [...] folgen, [...] das heißt die Aura dieser Berge [...] atmen.«[50] Was liegt näher, als in Rauchs deformiertem Horizont deren »Zertrümmerung« zu erblicken? Die technische Neuordnung der Welt: »Die weitgehende Ablösung von den Bedingungen des realen Raums ist jedenfalls die absehbare Drift der Telekommunikations- und Informationsmedien.«[51] Konseqenz auch der Kunstgeschichte: der Horizont ist in der Moderne von Dispersion des Bildsinns betroffen. »Die Kunstwerke setzen den Horizont nur noch zitathaft ein, in der Funktion des Anschauungsbehelfs, der provisorischen Orientierungslinie.« – »Die vorher verbindliche Fluchtlinie der Anschauung schwächt sich zum Binnenhorizont in einer insgesamt nicht tiefendimensionierten, sondern syntagmatischen Bildstruktur ab. [...] Die Ästhetik der Moderne reflektiert das Unmöglichwerden von Überschreitung. Sie verzeichnet eine epochale historische Realität, über die niemand hinaussieht: Leben in einer Welt, die keinen Horizont hat.«[52]

Die Verselbständigung der Zeichenebene ist auch das Generalthema der ›postmodernen‹ Diskurse. Rauch teilt mit ihnen Themen, Schlagworte und Metaphern. Er thematisiert »Post-Moderne« 1986 in seinem ›Architektur‹-Buch, spricht das ›anything goes‹ an, die ›frei flottierenden Zeichen‹: »Strichkombinationen flottieren, fliegen wie sanfte riesige Tiere.«[53] Selbst Rauchs Kritik der simulativen Manipulationsmechanismen und Zeichensysteme des katholischen Klerus (Abb. 61, 62, 75, Kat. 222) findet eine Parallele in Baudrillards Ableitung elektronischer Simulation aus der Praxis der Jesuiten und der unübertroffenen Popularität barocker Kunst.[54] Rauch wie Virilio konstatieren eine Kultur des déjà-vu. »Wir sind heute keine wahrhaft Sehenden mehr, sondern bereits Wiedersehende, die tautologische Wiederholung des Gleichen, die bei unserer Produktionsweise (der Industrie) Wirkung zeigt, beeinflußt auch die Weise unserer Wahrnehmung.«[55] Lyotard ging schließlich, von Benjamin aus, so weit, nicht nur von einer Wahrnehmungs-, sondern auch von einer Mitteilungskrise, vom Prozeß der Gegenwartskunst als Satire und der Möglichkeit einer satirischen ›Politik‹ zu sprechen.[56] Die Übereinstimmung reicht bis hinein in die Titel. Baudrillard könnte bei Rauchs Aufstands-Metapher Pate gestanden haben[57], das Blatt ›New York‹ (Abb. 65) könnte ein weiteres Indiz sein. Auf Manhattan bezieht sich auch Baudrillard mit seiner Analyse der im Stadtbild verselbständigten Graffiti. Analog kommentiert Rauch: »Manhattan, ein Dschungel von Linien, jede länger und stärker. Keine Linie kümmert sich um die andre. Hauptproblem: Überleben.«[58] Beide benutzen das Wort vom städtischen Dschungel, beiden sind die Zeichen Ausdruck wie Mittel im Überlebenskampf.

Rauchs Blick auf New York als Friedhof (vgl. die Zeichnungen in ›Die schweigende Mehrheit‹ mit Wolkenkratzern als Grabmale) läßt sich auch mit historischen Bildquellen in Verbindung bringen. Etwa mit dem ›New Zealander‹, Gustave Dorés letztem Überlebenden der Menschheit aus ›London, A Pilgrimage‹ (1872), der einen Blick auf die in apokalpytischem Licht erstrahlenden Ruinen Londons mit ihren analogen Vertikalstrukturen wirft (Fig. 27). Noch deutlicher zu erkennen in Rauchs Federzeichnungsversion ›Felsenstadt‹ (Abb. 146), die wie bei Doré einen dunklen Vordergrund gegen eine lichte Stadtsilhouette absetzt.[59] Tertium comparationis ist die Zeichnung eines der Urheber architektonischer Moderne, Mies van der Rohes Kreidezeichnung ›Glas-Hochhaus‹ (Fig. 28). Sie bedient sich eben jener senkrechten Schraffen, um die Lichtgestalt der modernen Behausung gegen die niedrige, dunkle Vergangenheit abzusetzen. Lichtgestalt Ruinen – Lichtgestalt Glas-Hoch-Haus – Lichtgestalt abstrakte Schraffen – moderne Architektur ist im Zeichen des Massenmediums synonym für Ruine gebraucht.[60]

Fig. 27 Gustave Doré, The New Zealander, 1872

Implosion des elektronischen Zeitalters – Zusammenschrumpfen der Erde, Verquickung von Raum und Funktionen.[61] Im ›Aufstand der Landschaft‹ dekliniert Rauch die neue Freiheit multiperspektivisch nach allen Seiten, unternimmt eine Reise durch die Dimensionen:[62] im empirischen ›Blick von oben‹, von der quasi-geologischen Nahaufnahme über die Vogelperspektive bis zur astronautischen Visualisierung des Planeten (Abb. 155, 156, 171, 172, 173). Er untersucht gewissermaßen die Hautfalten der Erdoberfläche (Abb. 159, Fig.29), nimmt die zutage tretende innere Konstitution anatomisch in Augenschein (Abb. 175) oder faßt mikrotechnische Seherfahrungen in paradoxe, deutlich an DNA-Strukturen angelehnte Verknüpfungen, prägt abgelöste Horizonte zu Sinnbildern der Unendlichkeit (Abb.176, Fig. 30). Das ›Paradies‹ (Abb.174) ist ein Komplexbild, omniperspektivisch, ornamental, einer abstrakten Struktur eingeblendet und aus ihr zu entwickeln wie die Universalsprache der Matrix einer DNA-Doppelhelix oder die Imaginationsgröße der Spiralnebel des Universums. Es entsteht ein Ort ›somewhere in between‹, der zwischen Mikrokosmos und Makrokosmos angesiedelt ist, vergleichbar jener alten scholastischen Gottesdefinition von der Identität von Zentrum und Peripherie, und doch über das Geometrische hinaus um konkrete Anschauungselemente reicher: sinnliche Genome als grana paradisi. Grandiose ›Ästhetik des Widerstands‹, der funkelnden Kosmologie des 68er Weltbildes abgerungen.

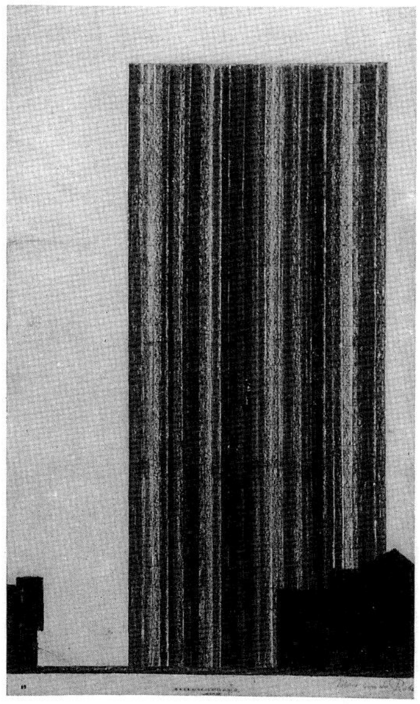

Fig. 28 Ludwig Mies van der Rohe, Glas-Hochhaus © Georgia Mies van der Rohe

Rauch läßt sich nicht zu den ›Postmodernen‹ rechnen. Was sie trennt, ist vor allem sein Begriff der *Evolution*, den er besonders in seinem nachgelassenen Comic strip ›Cosmic‹ entwickelt. Er geht von der Unfertigkeit des Menschen aus. Dessen Aggressionspotentiale sind das Erbe der Evolution, die es kulturell zu überwinden gilt. Der romantische Gedanke der Perfektibilität des Menschen wird bei ihm gebrochen von umfassender Skepsis, besonders was die zeitlichen Dimensionen angeht. Wenn er die kulturelle Korrekturlizenz des satirischen Zeichners in dieser Perspektive der Ewigkeit in Anspruch nimmt, steht er in alter Tradition (in æternitatem pingo): ›Jedes kann alles werden‹.[63] Doch die Natur braucht uns nicht, Werden impliziert Vergehen (aber nicht notwendig in humanen Kategorien, Abb. 163). Als Konsequenz ordnet er Politik in kosmologisches Seinsgeschehen ein und gewinnt daraus auch moralische Wertmaßstäbe.

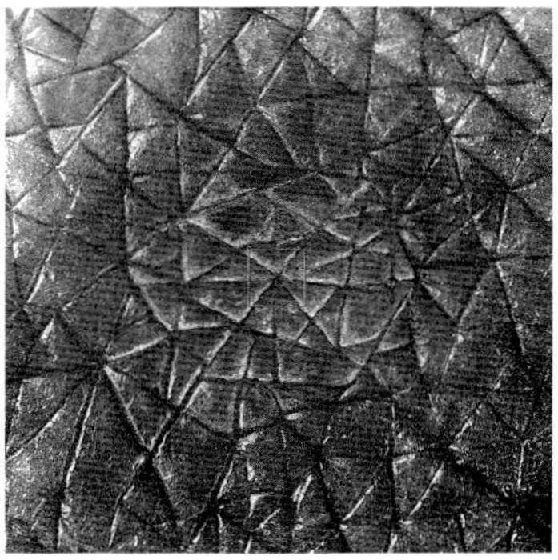

Fig. 29 Hautfalten, Photographie

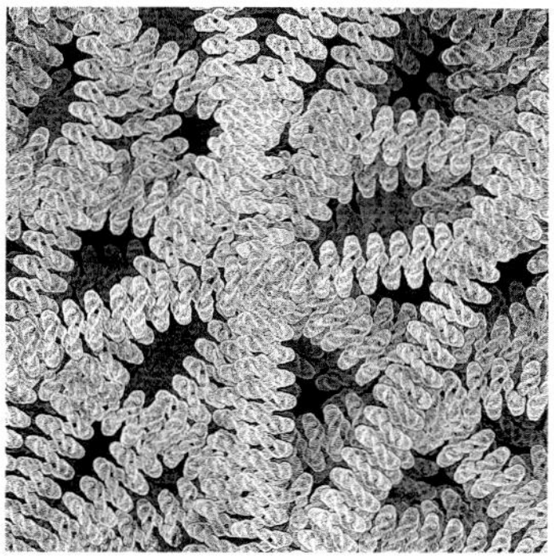

Fig. 30 DNA-Moleküle, Photographie

So ist Rauchsches Zeichnen ein Zeichnen, das durch die Atmosphäre der Verzifferung hindurch gegangen ist. Ein Zeichnen, das nicht auf Reproduktion der entleerten Zeichenwelt, Verdoppelung industrialisierter Simulation oder »freiflottierender Zeichen« gerichtet ist, noch auf die Statuierung oder Rekonstruktion verlorener sinnlicher, natürlicher Paradiese, sondern auf die reflexive Anbindung des freigesetzten Signifikantenbestandes an die kritischen Potentiale des common sense. Besinnliche Ruhe ist nach McLuhan die Gemütslage des ›elektronischen Zeitalters‹. Sie ist auch das Situativ des satirischen Zeichners.

Karikatur bleibt der Fond der satirischen Zeichnung. Sie wurde der Wegbereiter eines neuen Landschaftsbegriffs, der sich für Rauch aus ihrer inneren Entwicklungstendenz ergibt. Insofern der Karikatur der Zwang der Verhältnisse anhaftet, sich noch in dem Umstand reproduziert, nur in der Repräsentation, in der abbildenden Verdoppelung des Kritisierten überwunden, d. h. umgestaltet werden zu können, drängt sie über sich hinaus. Karikatur will ›Historienmalerei‹ – tatsächliche Korrektur. Da sie die Ebene des Bildes zu sozialem Handeln in der Regel nicht verlassen kann, wird sie auf ästhetische Kompensation rückverwiesen. Kunst, die sich heute dem Genre der Landschaft widmet, muß ihre historischen Verlust-Determinanten deutlich machen. Dieses Zugehen auf Natürliches im grimmen Bewußtsein ihrer Uneigentlichkeit nenne ich satirisch. ›Satirische Landschaft‹ will aus dem Blick auf das Verlorene künftige Freiheitspotenzen behaupten. Aus dieser didaktischen Exemplarik (vgl. seine ›Poetik der kleinen Striche‹) folgt das implizite Pathos Rauchscher Redeweise. Sie bewahrt die Hoffnung, dereinst den Status direkten politischen Handelns doch zu gewinnen.

Augenfest und politisch-philosophischer Traktat in einem, summiert der ›Aufstand‹ Arbeit und Denken eines Künstlerlebens in obsessiven Strichlagen: von der zeitkritischen Morphologie des Himmels (inklusive Ozonlochs, Abb. 100, 165), des Gebirges (in Auflösung, Abb. 160, 161, 162), über Techniken der Verschleierung (Abb. 170), Anspielungen auf zeitgenössische Kunst (›Eingepackter Berg‹, Kat. 163), Endzeit- und Katastrophentopoi (Abb. 64), des Orientierungsverlustes bis zur Behauptung artistischer Autonomie und sarkastischen Bildwitzes (Abb. 105, 164). Eingebunden in eine umfassende Sichtweise, in Hinblick auf die ›großen‹ philosophischen Themen wie ›Evolution‹ (Abb. 156), Mikrokosmos-Makrokosmos, Zersetzung der Vergangenheit und Spekulationen über ein Weltende (Abb. 163). Sichtlich immer bezogen auf den Produzenten und seinen Erfahrungsschatz; selbst das in dessen Kindheit erfahrene Wattenmeer erlebt der Betrachter im dimensionsvernichtenden ›Blick von oben‹, wie im Anflug auf Gran Canaria (Abb. 173). Rauch ist bis zuletzt überzeugt von der Überlegenheit zeichnerischer Wahrheitsfindung über industrielle Bildmedien.

Aktuell und in gewisser Hinsicht unabschließbar erweist sich das »Experiment der Karikatur« (Gombrich): ›Bodenreform‹ (Abb. 177), Collage auf Packpapier. Noch einmal zitiert Rauch die Überlagerung der Anschauungsebene durch technische Strukturprozesse im Zerschneiden der eigenen Zeichnung, wie auch der Vergleich mit seinem Mentor Klee ausweist: ›Haupt- und Nebenwege‹ (Fig. 31).

Deutlich sind Rauchs gliedernde Neuordnungsversuche des Anschauungsmaterials. Blaue Strukturen am oberen Bildrand deuten eine orientierende Horizontzone wie bei Klee an; dennoch bleibt ›Bodenreform‹ im Werden, mit sich widersprechenden, die Ordnung verletzenden, überlappenden Feldern, weit entfernt von Klees klaren Koordinaten und sicheren Schichtungen. Ihre Streifen wirken wie die Elemente eines Riesenfloßes, ein ›Floß der Medusa‹ des 20. Jahrhunderts: nach dem Schiffbruch der Versuch des Schiffbaus auf dem offenen Meer (Hans Blumenberg): der Versuch der Neuordnung der Wahrnehmungsbestände einer Zeit ohne via regia.

Satire bedarf zu ihrem Funktionieren der Herstellung einer gemeinsamen Verständigungsebene zwischen Satiriker und Rezipient. Hatte das Rauchs Œuvre durchziehende Moment der Gewaltsamkeit das Werk zum Opfer gemacht,[64] so verlangt dessen Invalidenstatus nach dialogischer Neuordnung der syntaktischen Bezüge, nach Rekonstruktion des Bildes im kommunikativen Prozeß des Experiments: offenes Kunstwerk, offener Prozeß – ein Informationsangebot ohne Vorgaben.

Satire ist aufgrund ihrer dialogischen Konstitution tauglich zum Mittel *sozialer Evolution* (Brunkhorst). Rauch korrigiert den Begriff der Satire, der neuerdings als ›ästhetisch sozialisierte Aggression‹ (J. Brummack) verstanden wird, dahin, daß sie zugleich und vor allem selbst das Instrument dieser Sozialisierung stellt. Insofern ist permanente ›Bodenreform‹ eine »politische Landschaft« (Martin Warnke) im emphatischen Sinne, das ästhetische Modell eines demokratischen Experimentalismus. Das von jeder Generation zu erneuernde Projekt der Demokratie als Bewußtseinsbildung setzt ›scharf denken lernen‹, und ›scharf sehen lernen‹ in eins.[65]

HGR bleibt sich bis zuletzt treu, steigert sich zu einem letzten Höhepunkt. Sein ›Lebenszyklus‹ (Abb. 104) verbindet die Tradition, den Topos der Lebensbeichte und der Vorbereitung auf ein Jenseits mit der Sicht auf den Tod als revolutionäres Ereignis, ultimatives Experiment im Leben des einzelnen. Er formuliert den Übergang in eine neue Existenzform adäquat in den Formcharakteren seines elektronischen Kontrahenten, ein zeitgenössisches Epitaph. *Egozentrik* und *Soziozentrik* bleiben bei ihm wechselseitig sich bedingend: ›Lebenszyklus‹ und ›Bodenreform‹ projektieren den experimentellen Aufbruch zu neuen Ufern individueller, sozialer und künstlerischer Existenz im Zeichen der Information. »Die Information wird zum einzigen ›Relief‹ der Wirklichkeit, zu ihrem einzigen ›Inhalt‹. Im Zeitalter der Digitalisierung der Bilder und Töne muß man sogar sagen, ihre ›Hochauflösung‹.«[66] Rauch ist mitten auf dieser »Reise ins Land der besseren Erkenntnis« gestorben. Er hinterläßt das Bild eines Wagemutigen: allein verläßt der Mensch das sichere Gestade der Vergangenheit unter den neugierigen Blicken seiner äffischen Artverwandten, nackt vorwärtsschreitend auf dem schwankenden Seil der ›Evolution‹ (Fig. 32), bewaffnet einzig mit dem Balancier seines Verstandes.

Fig. 31 Paul Klee, Hauptweg und Nebenwege, 1929, 90 (R10)
83,7 × 67,5 cm
Öl auf Leinwand, Wallraf-Richartz-Museum, Köln
© VG Bild-Kunst, Bonn 1995

Fig. 32 H. G. Rauch, Evolution, 1992

Anmerkungen

1 Der erste Teil des Titels geht auf eine Interview-Formulierung zurück: s. Krolzig, Martin: »Der Lichtblick in uns«. Im Gespräch mit Hans-Georg Rauch, in: Ausst.-Kat. Hans-Georg Rauch. Gottesbilder, Menschenbilder. Hrsg. Josef Schnitzler, Texte: Martin Krolzig. Berger Kirche und Uerige. Düsseldorf 1993, S. 12, im Folgenden als Krolzig zitiert.

2 Entsprechend definiert etwa Klaus Herding Karikatur als ein Mittel, »... durch bildliche Zuspitzung eine psychische Bewegung auszulösen. Durch Aufeinanderprallen zweier Welten (seit Heartfield auch zweier Techniken) soll angebliche Eindeutigkeit widerlegt, Stagnation durchbrochen, eine Handlung ermöglicht werden.« – Herding, Klaus: Karikatur-Perspektiven, in: Herding, Klaus u. Otto, Gunter [Hrsg.]: Karikaturen. ›Nervöse Auffangsorgane des inneren und äußeren Lebens‹. Gießen 1980, S. 368 f.

3 Rotzler, Willy: Hans-Georg Rauch. Cartoons für Intellektuelle, in: Graphis, Nr. 141, 1969, S. 80–85, hier S. 82.

4 Vgl. McLuhan, Marshall: Die magischen Kanäle. Understanding Media (1964). Dresden, Basel 1994.

5 Rotzler, Willy: a. a. O.

6 Hofmann, Werner: Ist die Karikatur am Ende? In: Der Monat, Jg. 11, 1959, H. 128, S. 54 ff.

7 Die Rezeption seines Zeichenwerks blieb vor allem vom Formprinzip der kleinteiligen Masse bzw. Figurenanhäufung bestimmt. Deren grundsätzliche Bedeutung für seine strukturell und vorwiegend forminhaltlich orientierte Art der Satire wird jedoch auch in der neuen Literatur nicht erkannt – vgl. Vowinckel-Textor, Gertrud: Die Humoristische Graphik in Deutschland nach 1945. Aspekte ihrer Entwicklung im Wechselspiel von Produktion und Rezeption, in: Kritische Berichte. Jg. 21, H. 2/1993, S. 27–45, hier S. 27. – Lammel, Gisold: Deutsche Karikaturen. Vom Mittelalter bis heute. Stuttgart, Weimar 1995, S. 249.

8 Janke, Karl: Epochentraum, Epochentrauma. Zum gespaltenen Bild der Arbeit in der Kunst der industriellen Moderne, in: Ausst.kat. In der Tradition der Moderne. 100 Jahre Metallgewerkschaften. München u. Stuttgart 1992, S. 174–191, hier S. 174.

9 Mitscherlich, Alexander: Die Unwirtlichkeit unserer Städte. Anstiftung zum Unfrieden. Frankfurt a. M. 1965 ([8]1969, S. 23).

10 HGR hinterläßt »einen umfangreichen Comic«, »die bewußte philosophische Abhandlung«, über die er mit dem Handchirurgen Prof. Vaubel korrespondiert. 2 DIN A4-

Ringbücher mit 166 Seiten Bleistift-Zeichnungen unterschiedlichen Durchzeichnungsgrades.

11 Härtling, Peter: Federleicht oder doch etwas schwerer. Dichter und ihre Schreibgeräte. In: Ausst.kat. Der Gänsekiel oder Womit schreiben? Vom Schreiben 2. Schiller-Nationalmuseum (Marbacher Magazin 69/1994), S. 3.

12 Freundliche Mitteilung von Frau Rauch.

13 Vgl. Gombrich, Ernst H.: Magie, Mythos und Metapher. Betrachtungen über satirische Graphik, in: Wilhelm-Busch-Jahrbuch 1994, Hannover 1995, S. 50 f.

14 Krolzig, S. 11.

15 Krolzig, S. 13.

16 Ramseger, Georg: Die internationale Resonanz des Cartoonisten H.-G. Rauch, in: Ausst.-Kat. H.-G. Rauch. Geschmack an der Macht hat mit Geschmack nichts zu tun. Goethe-Institut München. Gifkendorf 1986, S. 21–32, hier S. 26.

17 Ramseger, a. a. O., S. 26.

18 Freundliche Mitteilung von Frau Rauch.

19 Krolzig, S. 6 – vgl. Greiner, Ulrich: Zorneslust. Die »Zeitzeichen« des Hans-Georg Rauch, in: Rauch, Hans-Georg: Neue Zeitzeichen. Hamburg 1990, unpaginiert. Raddatz, Fritz J.: Zeitzeichen – Zeichen der Zeit, in: Rauch, Hans-Georg: Zeitzeichen. München 1983, S. 5–7.

20 HGR: Englischer Kurzkommentar zu den Bildern einer geplanten, aber nicht mehr realisierten Japan-Ausstellung. Typoskript Ursula Rauch, m. Ü. (im Folgenden JK), Nr. 68.

21 ›Mit etwa 50 Stempeln kann ich alles Notwendige tun, um Raum, Natur, Technik darzustellen. Es ist eine computerisierte Form von Kunst.‹ – Saul Steinberg, zit. n. Leiser, Erwin: Saul Steinberg, in: Frankfurter Allgemeine Magazin 30. Mai 1986, S. 22.

22 Die Differenz zum Werbetext des Vorworts von »Die Computer des Hans-Georg Rauch«, IBM-Kalender für 1988, spricht für sich: »Die Welt, die Rauch uns in diesem Kalender anbietet, ist die eines friedlichen, sich gegenseitig befruchtenden Miteinanders aus Technik und Handschrift, Kultur und Natur, Wissenschaft und intuitivem Denken, ein ausgeglichenes, pluralistisches Welt- und Menschenbild, das, den Traditionen und Idealen des Humanismus verhaftet, den Weg zeigt in eine neue, friedliche Welt des Fortschritts.«

23 Vgl. HGR (1989), in: Ausst.kat. Wiederbegegnung. 40 Jahre Marburger Kunstverein. Marburg 1993, unpaginiert.

24 Vgl. Stelzer, Otto: Über die Zeichensprache der Zeichnung oder die Anschaulichkeit des Abstrakten, in: Ausst.kat. 2. Internationale der Zeichnung. Mathildenhöhe. Darmstadt 1967, S. 9.

25 Zit. n. Haftmann, Werner: Der Zeichner Paul Klee. In: Ausst.kat. 2. Internationale der Zeichnung. Mathildenhöhe. Darmstadt 1967, S. 273–279, hier S. 276.

26 HGR zit. n. Lach, Friedhelm: Gesichtete Ereignisse, in: Rauch, Hans-Georg: Physiognomia arborum. Zeichnungen Hans-Georg Rauch, Texte Armin Geus u. Friedhelm Lach. Marburg 1989, S. 10.

27 Dieses »Prinzip des Suchens nach einer Idee« ist anschaulich in dem Film nachzuvollziehen, den Thomas Ayck 1976 drehte; Zeichnen: Hans-Georg Rauch. NDR, Erstsendung 22. 09. 1976, HGR ebenda.

28 Zu übersetzen etwa mit: *Das Äußere* oder *Das Gesicht der Bäume*. Vgl. Geus, Armin: Physiognomia arborum. und Lach, Friedhelm: Gesichtete Ereignisse, in: Hans-Georg Rauch: Physiognomia arborum. Marburg 1989, S. 5–8 u. 9–12.

29 Blaich, Ute: Wo stolze Fassaden zu purzeln beginnen. Über den Satiriker Hans-Georg Rauch, in: Architektur & Wohnen, H. 4, Hamburg 1978, S. 40–42, hier S. 42.

30 Vgl. Klee, Paul: Das bildnerische Denken. Hrsg. v. Jürg Spilier. Basel ^{2}1964, S. 76 f.

31 McLuhan, Marshall: a. a. O., S. 15. – Lach, Friedhelm: Gesichtete Ereignisse, a. a. O., S. 9.

32 HGR, Arbeitsjournal, unpaginiert.

33 Vgl. Herding, Klaus u. Otto, Gunter [Hrsg.]: a. a. O., bes. S. 132.

34 Rauch, H.-G., zit. n. Hahnefeld, Joachim: Denker gegen den Strich. Hans-Georg Rauch, in: Pierrot, H. 3, 1987 S. 31.

35 Das gilt besonders für die Farbarbeiten: vgl. Ries, Hans: Rauchs künstlerische Entwicklung, in: Ausst.kat. H.-G. Rauch. Geschmack an der Macht. Goethe Institut München. Gifkendorf 1986, S. 12. – Ramseger, Georg: Die Lemuren des Hans-Georg

Rauch, in: Rauch, Hans-Georg: Rauch in Farbe. Vorwort von Georg Ramseger. Hildesheim 1984, unpaginiert.

36 HGR zit. n. Lach, Friedhelm: Gesichtete Ereignisse, a. a. O., S. 9 u. 10.

37 Zu Rauchs Architekturdarstellung vgl. Sack, Manfred: Hans-Georg Rauch, der akrobatische Hintersinner, in: Rauch, Hans-Georg: Architektur. Satirische Zeichnungen. München 1986, S. 5–26.

38 Ramseger, Georg: Die Lemuren des Hans-Georg Rauch, a. a. O., unpaginiert.

39 Vgl. Ries, Hans: Rauchs künstlerische Entwicklung, a. a. O., S. 13 ff.

40 Rawson, Philip: The Art of Drawing, in: Festschrift für Kurt Badt. Köln 1970, S. 64, m. Ü.

41 JK 7 (siehe Anm. 20).

42 McLuhan, Marshall: a. a. O., S. 21.

43 JK 57 (siehe Anm. 20).

44 Vgl. Jürgens, Christian: Metamorphosen des Gespenstes: Der Vampir in den Medien, in: Die Neue Gesellschaft, Frankfurter Hefte, 42. Jg., H. 1, Jan 1995, S. 49–55..

45 McLuhan, Marshall: a. a. O., S. 90.

46 Sontag, Susan: On Photography. ^{5}1978, S. 65, m. Ü.

47 Vgl. Hofmann, Werner: Versuch über Piranesi, in: Ausst.kat. Piranesi. Hamburger Kunsthalle 1970, S. 12–17.

48 Vgl. Ausst.kat. Stephan Huber/Raimund Kummer: Firmament, Hamburger Kunsthalle 1991, Bd. 3.

49 Knapp, Gottfried: Aufstand der Landschaft. Zu den Farbstiftzeichnungen von Hans-Georg Rauch, in: Ausst.kat. Hans-Georg Rauch. Aufstand der Landschaft. Museum Schloß Moritzburg, Halle. München 1992, S. 5–14, hier S. 13.

50 Benjamin, Walter: Das Kunstwerk im Zeitalter seiner technischen Reproduzierbarkeit. 1939, in: Gesammelte Schriften, WA Bd. 2, Frankfurt a. M. 1980, S, 479.

51 Rötzer, Florian: Urbanität in den Netzen. Vom Verschwinden der Öffentlichkeit, in: Frankfurter Rundschau 29. Okt. 1994.

52 Koschorke, Albrecht: Die Geschichte des Horizonts. Grenzen und Grenzüberschreitung in literarischen Landschaftsbildern. Frankfurt a. M. 1990, S. 325 u. 326.

53 JK 6 (siehe Anm. 20).

54 Baudrillard, Jean: Die Szene und das Obszöne, in: Kamper, Dietmar u. Wulf, Christoph: Das Schwinden der Sinne. Frankfurt a. M. 1984, S. 279–297.

55 Virilio, Paul: Der negative Horizont (Paris 1984; dt. 1989) Frankfurt a. M. 1995, S. 24.

56 Lyotard, Jean-François: Philosophie und Malerei im Zeitalter ihres Experimentierens. In: Ders.: Philosophie und Malerei. 1979. Berlin 1986, S. 51–77.

57 Baudrillard, Jean: Kool Killer ou l'insurrection par les signes. 1975. Wieder abgedruckt in: Barck, Karlheinz u. a. [Hrsg.] Aisthesis. Wahrnehmung heute oder Perspektiven einer anderen Ästhetik. Leipzig 1990.

58 Vgl. Baudrillard, Jean: a. a. O., S. 225;JK 23 (siehe Anm. 20).

59 Eine erste Version *Wachstum* hatte Rauch für sein Architekturbuch, S. 65, gezeichnet.

60 Vgl. Baudrillard: »Architektur und Urbanismus … sind selbst Massenmedien«, a. a. O., S. 224; »Sie [die Individuen, K. J.] werden von dieser Architektur und Lebensform Tag für Tag getötet. Für mich sind diese Wolkenkratzer Grabmäler.« HGR, in: Krolzig, S. 11.

61 McLuhan, Marshall: a. a. O., S. 146.

62 Vgl. Morrison, Philip: Zehn hoch. Dimensionen zwischen Quarks und Galaxien. Heidelberg ^{4}1988.

63 Lach, Friedhelm: a. a. a. O., S. 10.

64 Ries, Hans: a. a. O., S. 16 f.

65 Vgl. Mitscherlich, Alexander: a. a. O., S. 85.

66 Virilio, Paul: Die Eroberung des Körpers, a. a. O., S. 143.

Industrie

H. G. Rauch, o. T. [Maschine im Kopf], veröffentl. 1969

Umrißzeichnung. Menschenkopf im Halbprofil, fast formatfüllend, gläsern wirkend bei fehlender Binnenzeichnung, mit einer Ausnahme – der des Maschinenmonstrums, das die Stelle des Gehirns einnimmt. Eine Maschine phantastischen Charakters, die ihre Funktionsweise für sich behält. Wie ein mechanisches Uhrwerk mit ihrer verdichteten Rahmenkonstruktion, den Zahnrädern und der Propellerschraube in der Stirn. Wäre da nicht der niedrig-gedrungene Schornstein, dem dichte Rauchschwaden entsteigen, mühelos die Trennung von Innen und Außen, die Schädeldecke überwindend, um die Wolken eines Dürerschen Holzschnitts, ja eine ganze Landschaft abzugeben. Flußufer, Berge, Bäume. Ein moderner Mikrokosmos, der seinen Makrokosmos zeugt – in der Tradition eines Raoul Hausmann. Die Welt eine Kopfgeburt technischer Rationalität.

Nur nach unten hin erweckt sie mit herabhängendem, lose baumelndem Gestänge einen leicht desolaten Eindruck; hat sie etwas von Tinguelys sich selbst vernichtenden Maschinen. Eine einzelne Holzschraube haftet am unteren Bildrahmen, als wollte sie das Bild des Ganzen befestigen. Eine Anspielung? Auf den berühmtesten Nagel der Kunstgeschichte, den aus Georges Braques ›Violine und Krug‹ (1910)?

Federzeichnende Fabulierlust eines kritischen Modernen setzt sich hier mit unübersehbar selbstironischen ›Rauch‹-Zeichen ins Bild des Motors. Bringt sie doch, einer Maschine gleich, unaufhörlich eine eigene Welt hervor, drückt sie Welt stets von sich her aus.

Der Zeichner ist ein ›Ausleger‹, technisch wie im übertragenen Sinn: bewußtseinserweiternd legt er seine Gedanken in den materiellen Spuren seiner Hand vor dem Betrachter aus, mit ihnen die Welt, die vorgefundene wie die innere.

Gleich zu Beginn seiner Karriere schlägt Rauch zwei seiner Leitthemen an. Zum einen die Thematik der ›ersten Natur‹ als Produkt der ›zweiten‹; auch und gerade auf die – veränderliche – Natur des Menschen bezogen. Mit der Industrie hatte das autopoetische Wesen des Menschen welt- und selbstverändernde Macht erlangt. Die Dampfmaschine bestimmte daher auch die Struktur seines Weltbildes.

Zum anderen das Thema künstlerischer Selbstreflexion. Seine Prägung zur ›menschlichen Bildmaschine‹ erkennend, die das Bild der Welt auf dem technologischen Stand der Gegenwart auch dort projiziert, wo er sich der Renaissance erinnernd rückwärts gewandte Bilder entwirft, konzipiert der Zeichner Korrektur. Der Satiriker gibt sich zu erkennen. Die Schraube wird zum Widerstandssymbol. Eine solche ›locker zu haben‹ meint umgangssprachlich eine Verrücktheit, Abweichung von der Mechanik der Norm. Wie Braques Nagel ist Rauchs Schraube distanzierendes Signum einer anderen Realitätsebene; mehr noch spöttisches Signal satirischer Dekonstruktion, das die vorgegebene Ordnung der Dinge nicht akzeptieren will, sie zur Kenntlichkeit verzeichnet, um eine bessere zu befestigen.

Ein drittes Thema schließlich: der desolate Maschinenzustand weist auf Erschöpfung. Industrielle Selbstverausgabung war vorgedrungen bis an die Ränder der Welt einschließlich der Kolonialisierung des Kopfes. Eine neue Produktionsweise kündigt sich an. In Medien- und Bilderschlachten macht sich das Zeitalter der Information geltend – bald schon lösen auf Rauchs Bildsatiren die Kabelstränge des Fernsehens, durch die Augen verlaufend, aber in Umgehung dieser kritischen Instanz der Wahrnehmung, die romantisch rauchende Powerstation ab, um die Einzelhirne mit zentralen Signalgebern kurzzuschließen.

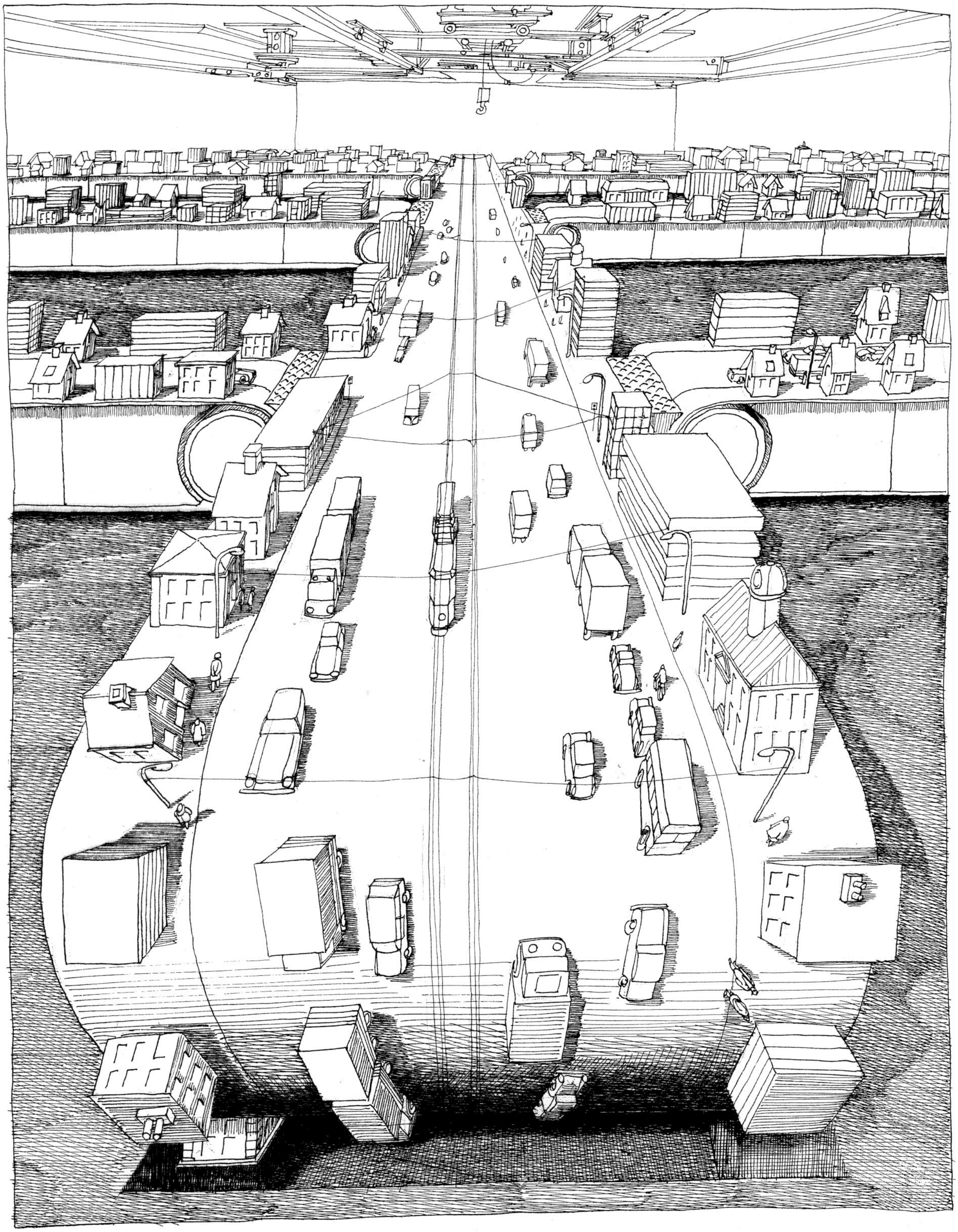

3 Alltag – Daily Round, 1993, Kat. 133

4 Roboter wie du und ich – Robots Like You and Me, 1974, Kat. 22

5 Das tägliche Brot – Our Daily Bread, 1985, Kat. 67

6 Eintritt frei – Admission Free, 1988, Kat. 120

7 Mediendschungel – Media Jungle, 1993, Kat. 139

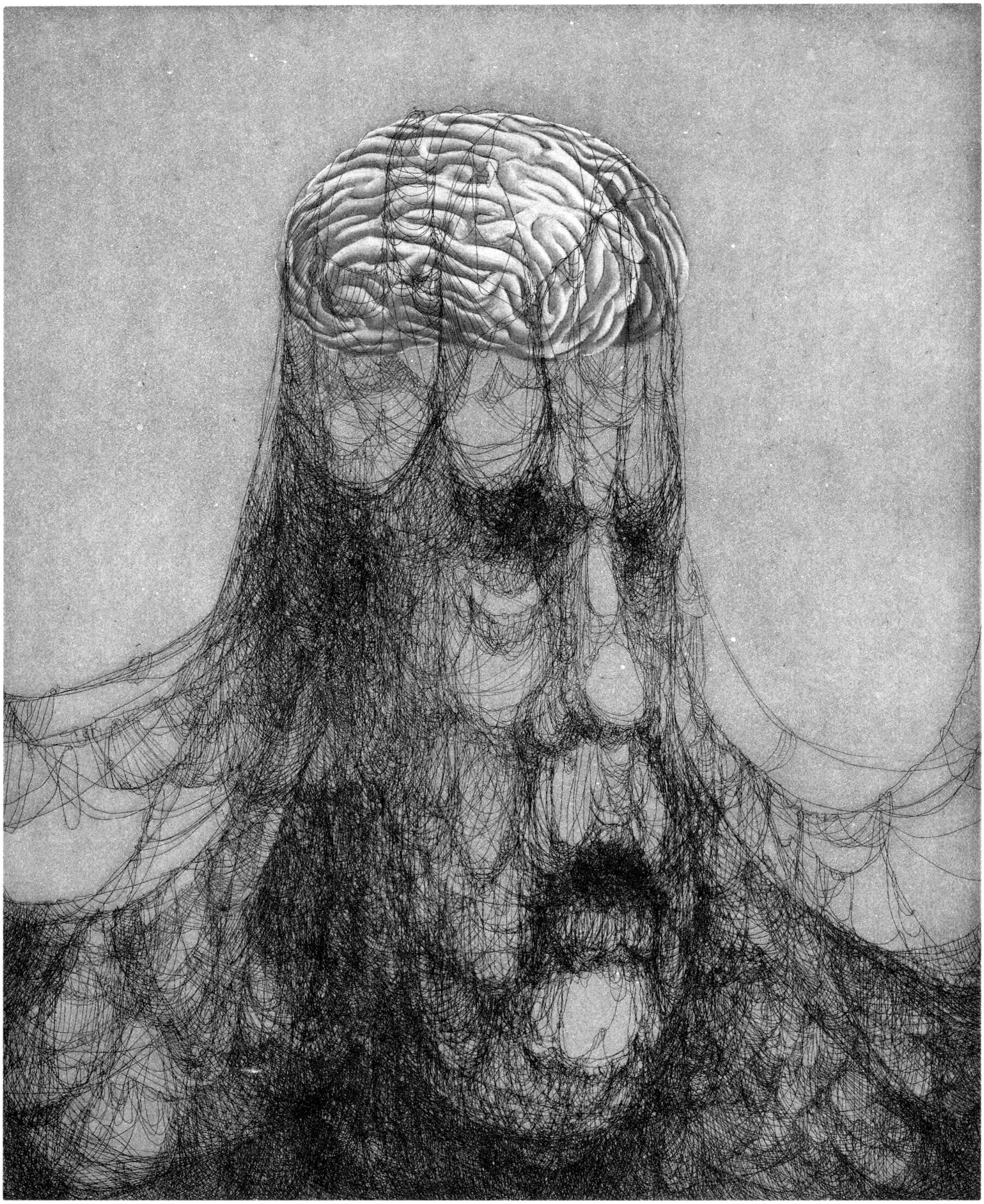

8 Die Gedanken sind frei – The Thoughts are Free, 1975, Kat. 261

9 Der Mensch im Schatten – Man in the Shadow, 1982, Kat. 36

10 Tschsch … pff … tschsch … pff, 1989, Kat. 123

11 Köpfchen – Brains, 1989, Kat. 122

12 Die Übersetzungsmaschine – The Translation Machine, 1986, Kat. 76

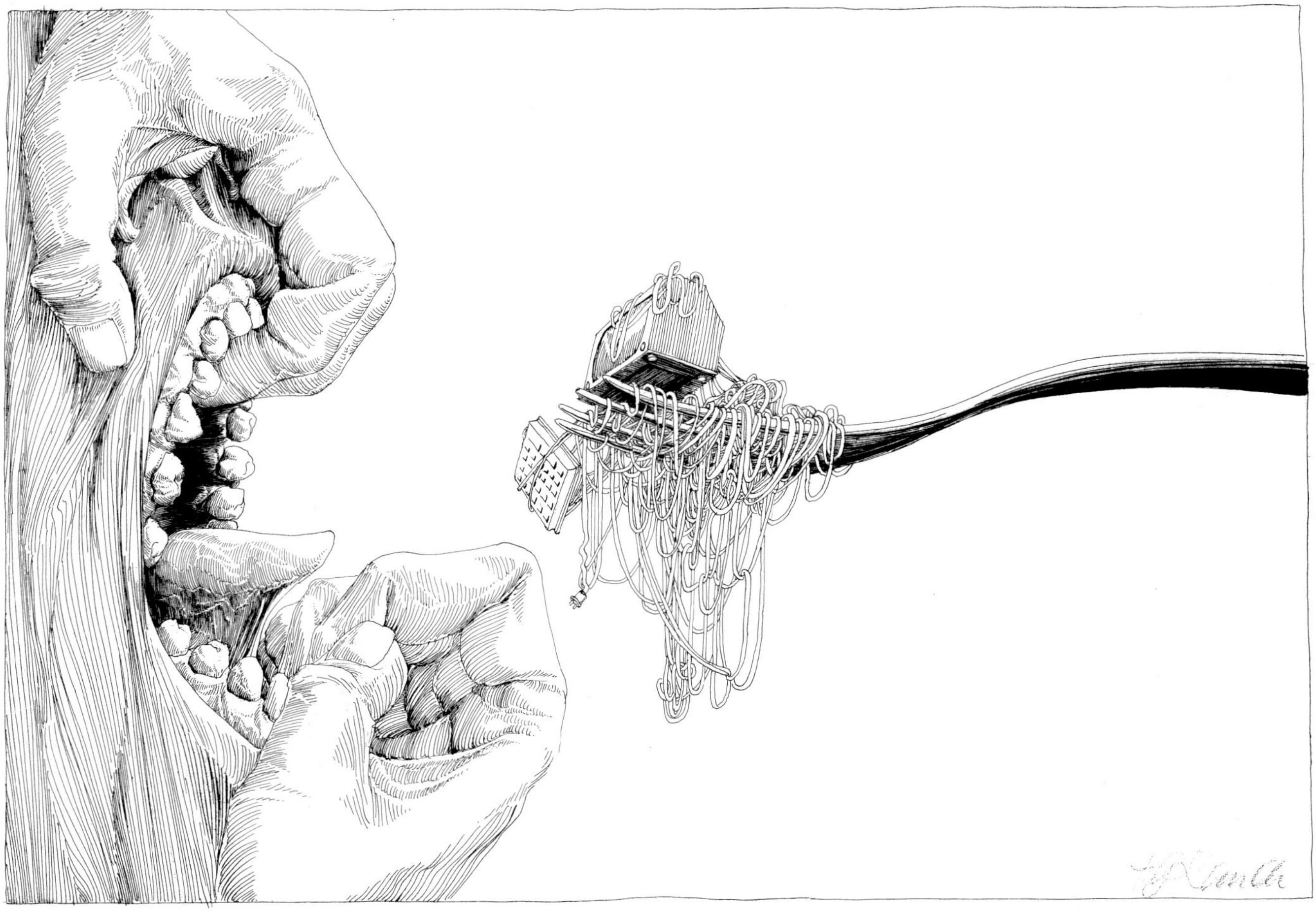

13 Friß oder stirb – Eat or Die, 1980, Kat. 33

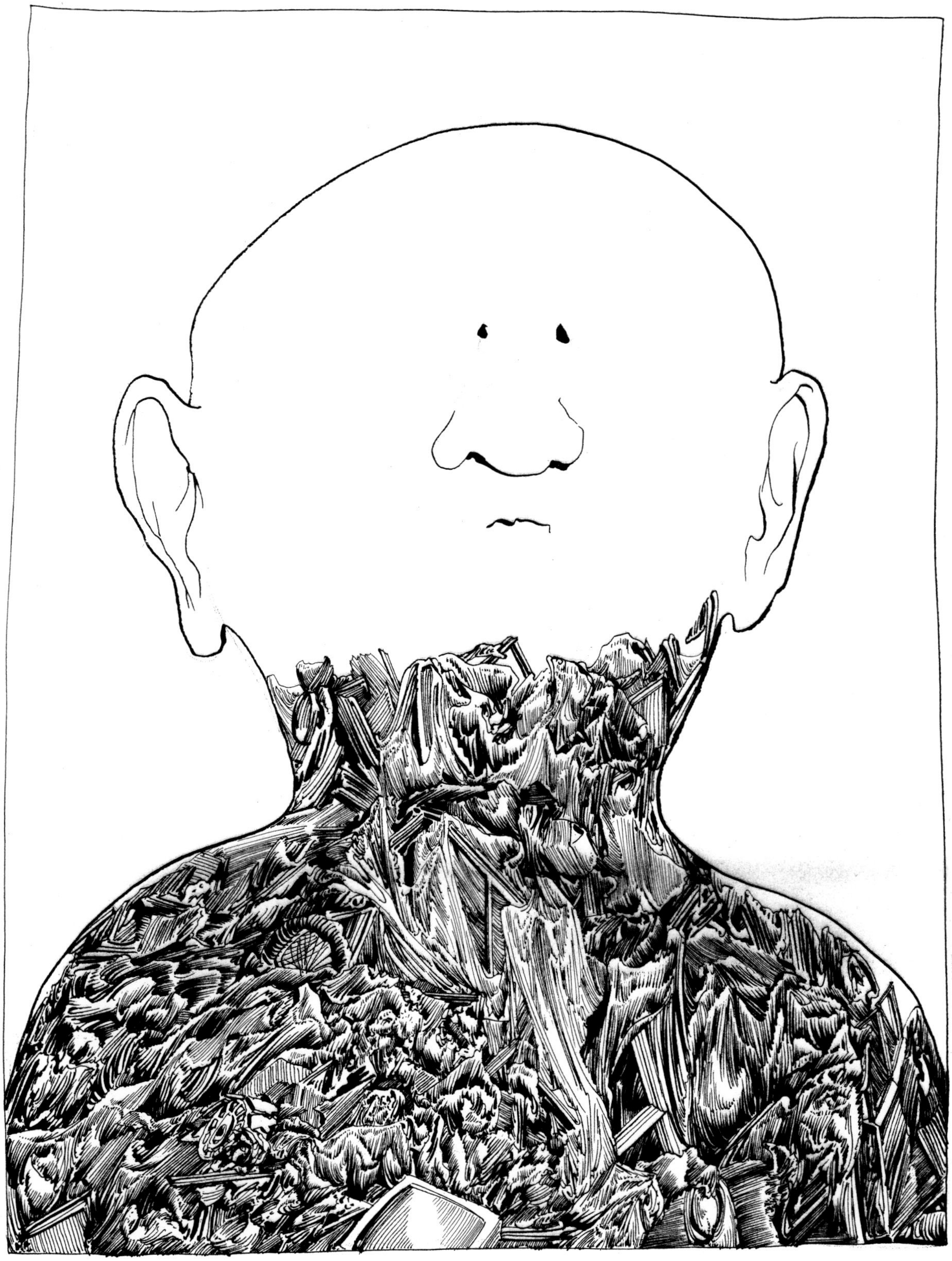

14 Innenleben – Inner Life, 1991, Kat. 127

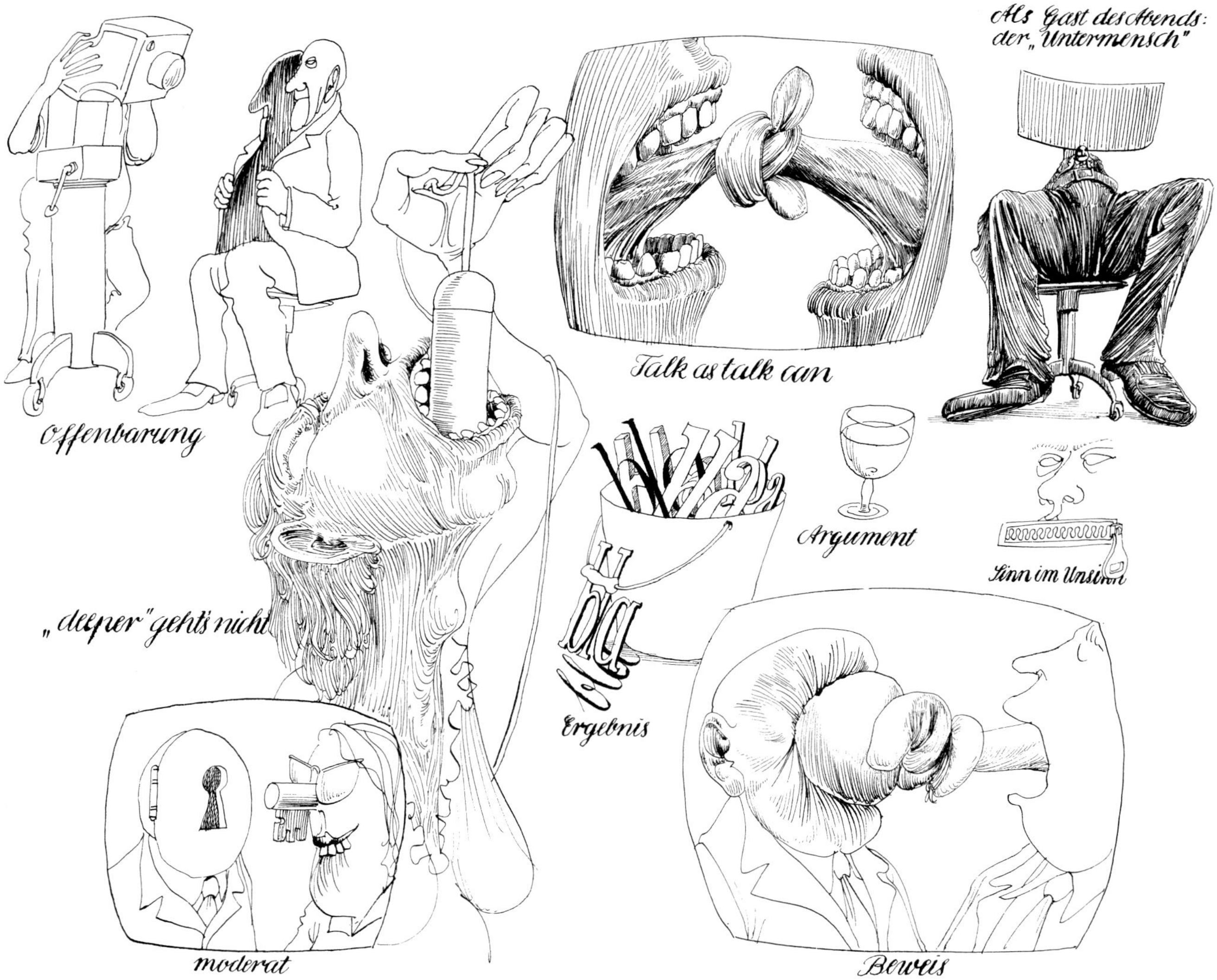

15 Talkshow, 1984, Kat. 46

16 Unterhaltungsindustrie – Culture Industry, 1985, Kat. 68

17 Der gemeinsame Nenner – The Common Denominator, 1993, Kat. 136

18 Schule der Nation – National Schooling, 1990, Kat. 125

19 Profis – Professionals, 1988, Kat. 121

20 Lehrstellenangebot – Vacancies for Trainees, 1982, Kat. 39

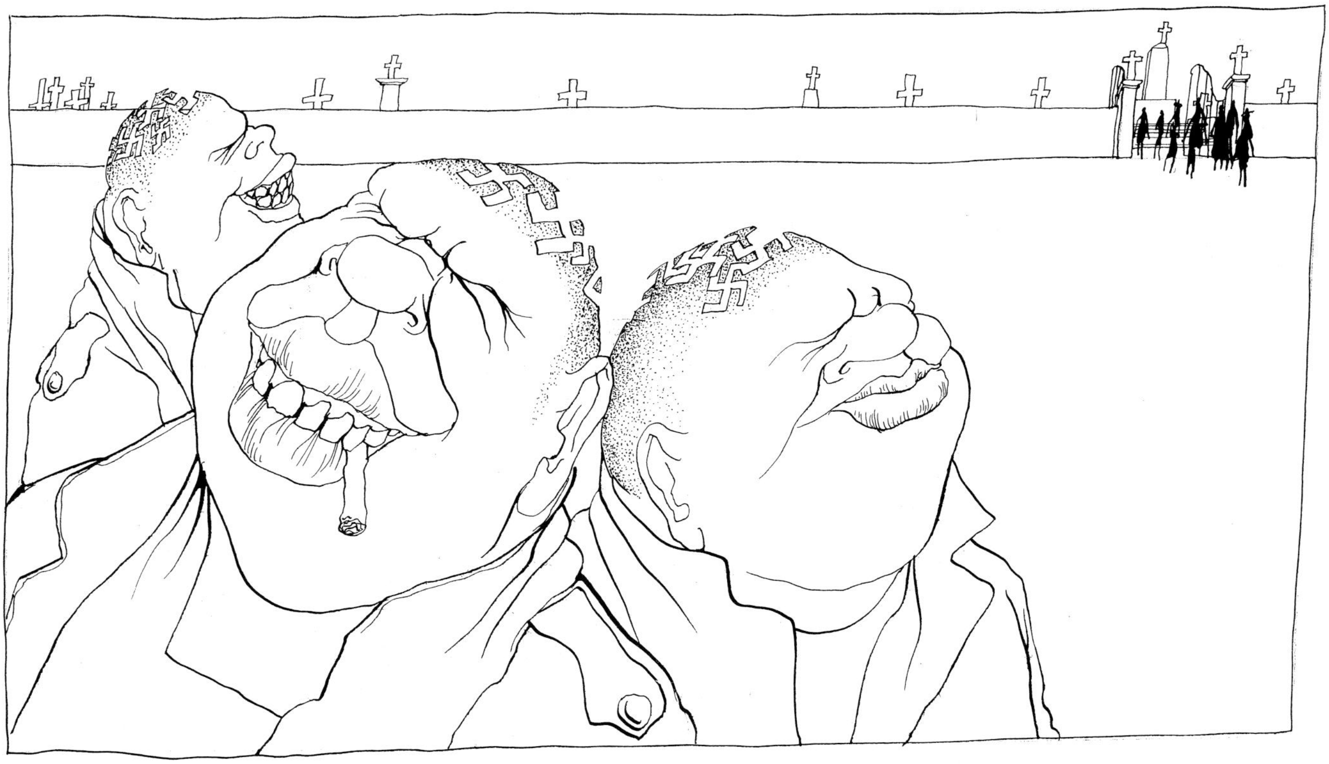

21 Tumore – Tumours, 1992, Kat. 132

22 Sozialgefälle – Social Fall, 1984, Kat. 45

23 Recycling, 1984, Kat. 43

24 Schrott – Scrap Metal, 1984, Kat. 44

25 Beim Club of Rome sitzen Sie in der ersten Reihe – What a Prospect at the Club of Rome!, 1993, Kat. 134

Gesellschaft

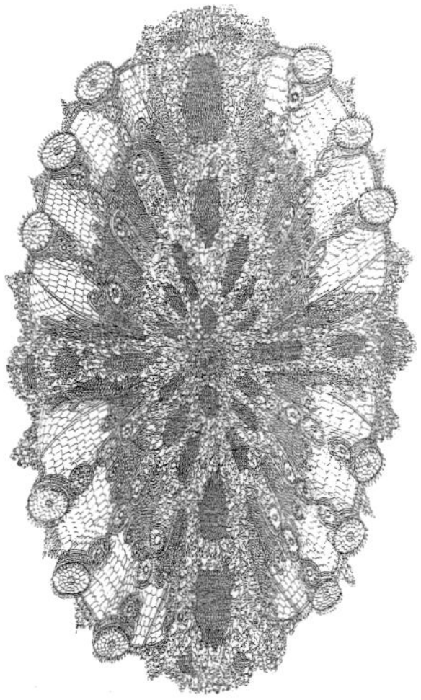

H. G. Rauch,
Formierte Gesellschaft, 1966,
Kat. 2

Jeder hat seinen Balkon, aber keiner seine Freiheit.

Elemente einer zerbrochenen Architektur wie ein Haufen Ameisen. Für mich ist ein Ameisenhaufen chaotisch, aber nicht für sie, denn wir gehören verschiedenen Wirklichkeiten an.

HGR

Eine Spitzendecke? Die Fensterrosette einer gotischen Kathedrale? Oder doch die Aufsicht auf den Hof einer phantastischen Architektur? – Menschen sind da, anfangs leicht zu übersehen (her mit der Lupe!), eingebunden ins Muster – ein Festaufzug?

Die Massen, zu einer übergeordneten Struktur, zum Ornament formiert. Politisches wird erkennbar: das Bild der Macht, filigrane Staatsmetapher, mustergültig, klar, übersichtlich. *Deutsche Ordnung* gleichsam unter Aufsicht – allein diese Zoom-Perspektive, die den Betrachter hineinzieht, auf ein Zentrum orientiert – ein satirisches Kabinettstückchen. Der Betrachter macht überraschende Seherfahrungen. Auf das intellektuelle Vergnügen des Nachvollzugs, des Entdeckens und Kombinierens folgt dasjenige der Konstruktion von Sinn, jeder Perspektivwechsel sich mit dem vorangehenden, alles mit allem verbindend. ›Formierte Gesellschaft‹ lautete ein anderer Titel des Blattes.

Idole bestehen aus dieser zusammengesetzten Macht – Jesus, Mao, Marylin. Masse und organisierende Überfigur: die Machtstruktur der Gesellschaft wird bei Rauch in arcimboldesker Nachfolge sichtbar. Und doch insistiert er auf der individuellen Physiognomie der Gequetschten, Geschobenen, Gedrängten. Der »kleine Mann«, jeder für sich, anders. Obwohl sichtlich Teil des »großen Ganzen«, beherbergt sein Gesicht Momente des Unordentlichen, Abweichenden, Nicht-Normierten, des Leidens. Solche Relikte des Nonkonformen, Züge des Humanen, sind tendenziell systemsprengende Chaos-Keime, die auf Rauchs Ideal des widerständigen einzelnen (›Polizeistaat‹, Abb. 28) verweisen. Wo die Bindungskräfte der Überfigur versiegen, zerfällt ihr Bild, werden die sie konstituierenden Elemente, Individuen, freigesetzt (›Castro‹, Fig. 18). Der Zeichner – ein graphischer Archäologe des Libertären in kollektiver Psyche.

»Die Abhängigkeit des einzelnen von der Politik ist einer der Hauptgegenstände meiner zeichnerischen Bemühungen«, sagt Rauch.

Gesellschaftliche Alternativen werden kaum ernsthaft erwogen, weil hinter dem Horizont einer anderen Wirklichkeit gelegen, wie er am Beispiel ameisenhafter Chaos-Ordnung (Abb. 66) demonstriert.

Vielmehr sieht er die Ordnung sich zu ultimativem Chaos steigern, einen »lieben Gott« an den Maschen seiner Menschlichkeit bis in die Unendlichkeit strikken (Abb. 26). ›Bevölkerungsexplosion‹ (Abb. 33) imaginiert eine streng geometrisierende globale Menschheits-Skulptur, gebildet aus zwei Hälften, aus einer horizontweiten Fläche über der sich eine dynamisch-explosive Strukturbeziehung von Kreis und Zentrum erhebt: die Katastrophe des linearen »Immer weiter so« entspricht dem apokalyptischen Endschlag, exponentielles Wachstum endet in einer der atomaren vergleichbaren Katastrophe. Satirische Dialektik: das Ende der schönen Ordnung ergibt die schöne Ordnung des Endes.

»Die Abhängigkeit des Menschen und seine Unfähigkeit, als Individuum in der Masse zu existieren, ist ein zentrales Motiv meiner Zeichnungen. Deshalb auch mein Plädoyer, sich aktiv an den öffentlichen Angelegenheiten zu beteiligen.

Wir brauchen Politik, aber wir brauchen wohl eine andere. Wir müssen selber mitmachen, wir dürfen nicht immer nur leiden und jammern.« (HGR)

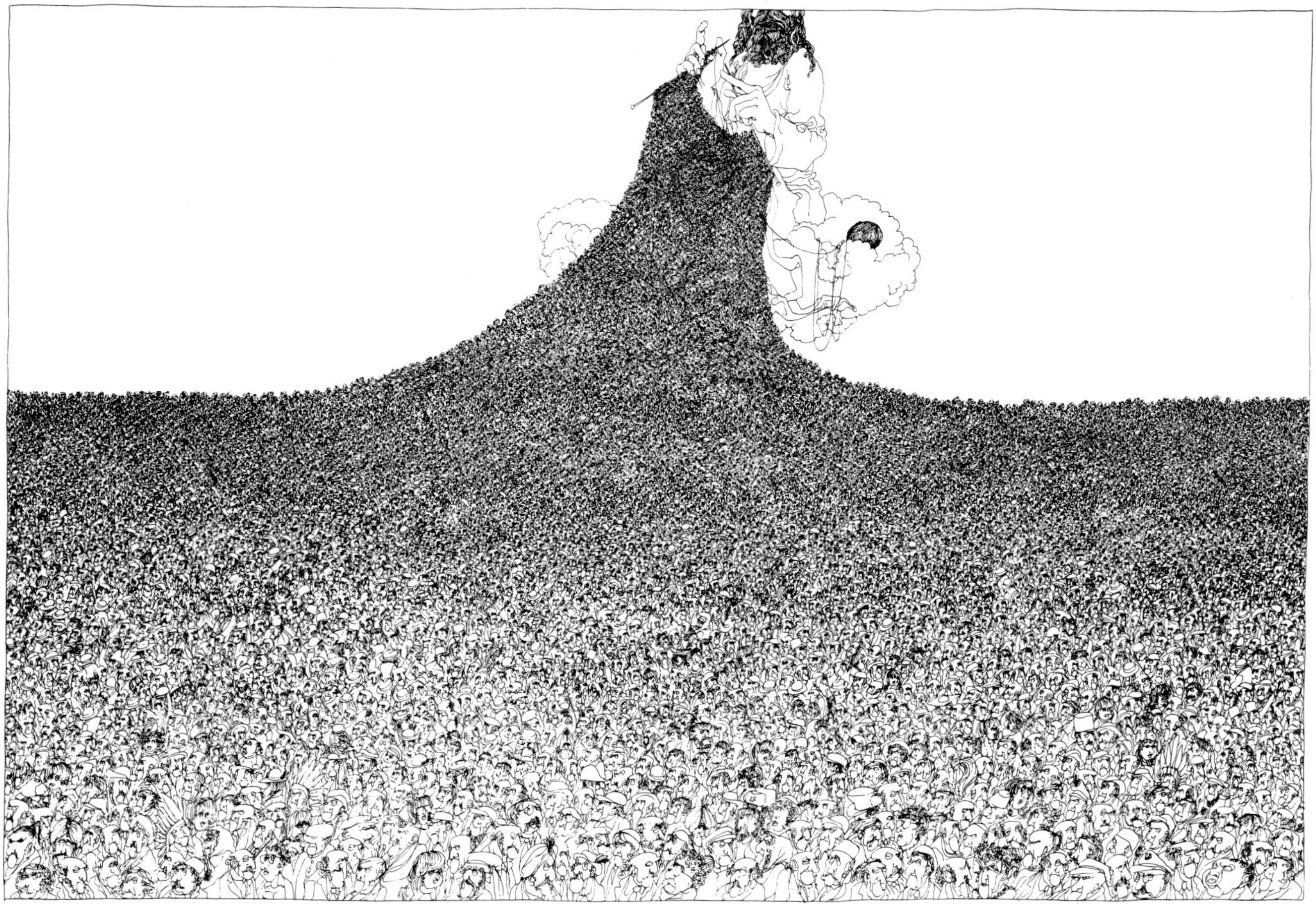

26 Fleißarbeit – Diligence, 1973, Kat. 16

27 Jugend – Youth, 1970, Kat. 11

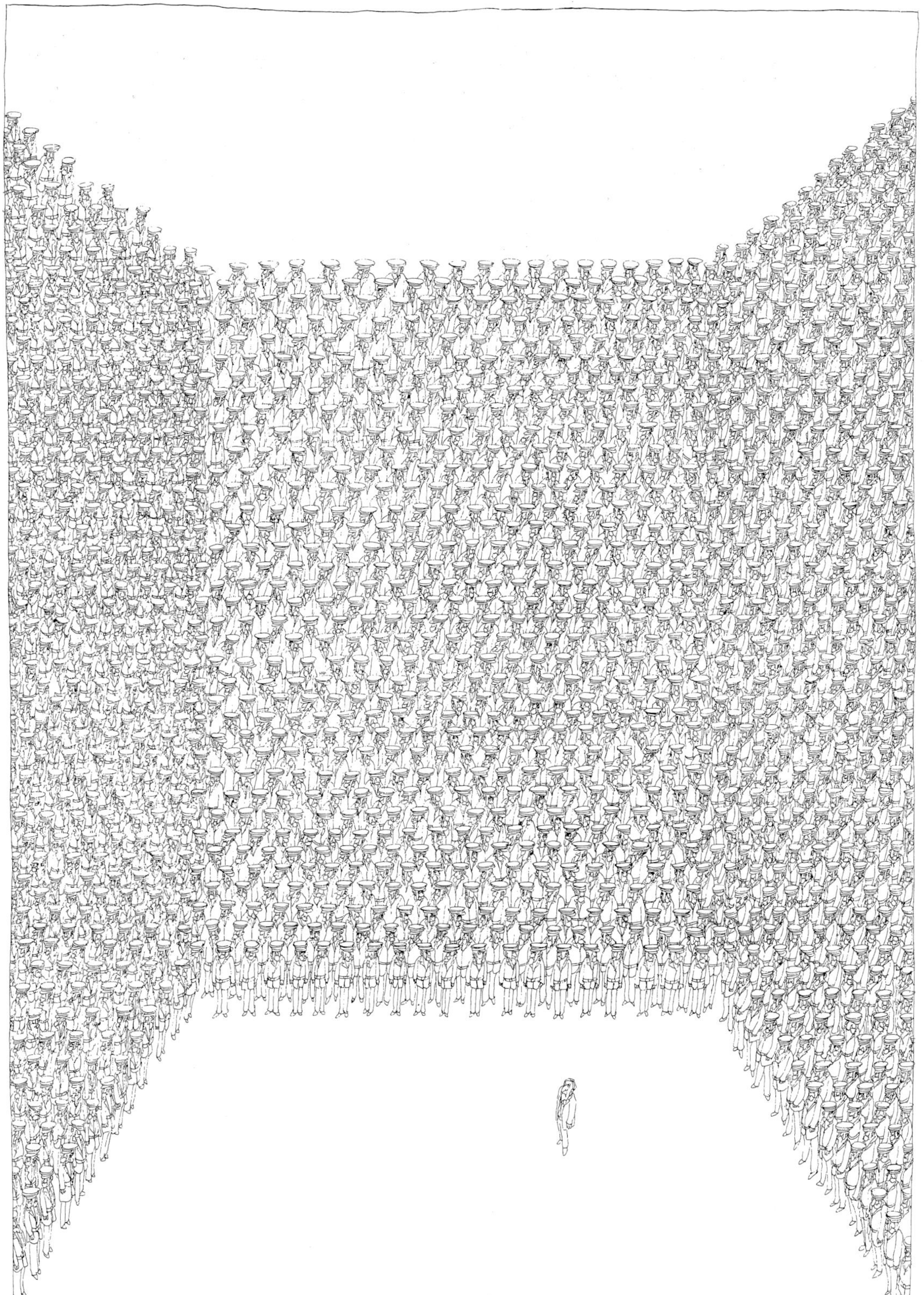

28 Polizeistaat – Police State, 1973, Kat. 17

29 Trauma vom anderen Geschlecht – Trauma of the Opposite Sex, 1974, Kat. 23

30 Trauma vom anderen Geschlecht (Detail), Kat. 23

31 Witwenschleier – Widow's Veil, 1975, Kat. 25

32 Der Gärtner – The Gardener, 1969, Kat. 7

33 Bevölkerungsexplosion – Population Explosion, 1976, Kat. 28

34 Arabeske – Arabesque, 1992, Kat. 131

35 Rassenproblem – Racial Problem, 1970, Kat. 12

36 Deutsche Ordnung – German Order, 1966, Kat. 2

37 Erinnerung an gestern abend – Memories of Yesterday Evening, 1977, Kat. 286

38 Bla bla Blasen – Blah Blah Bubbles, 1977, Kat. 288

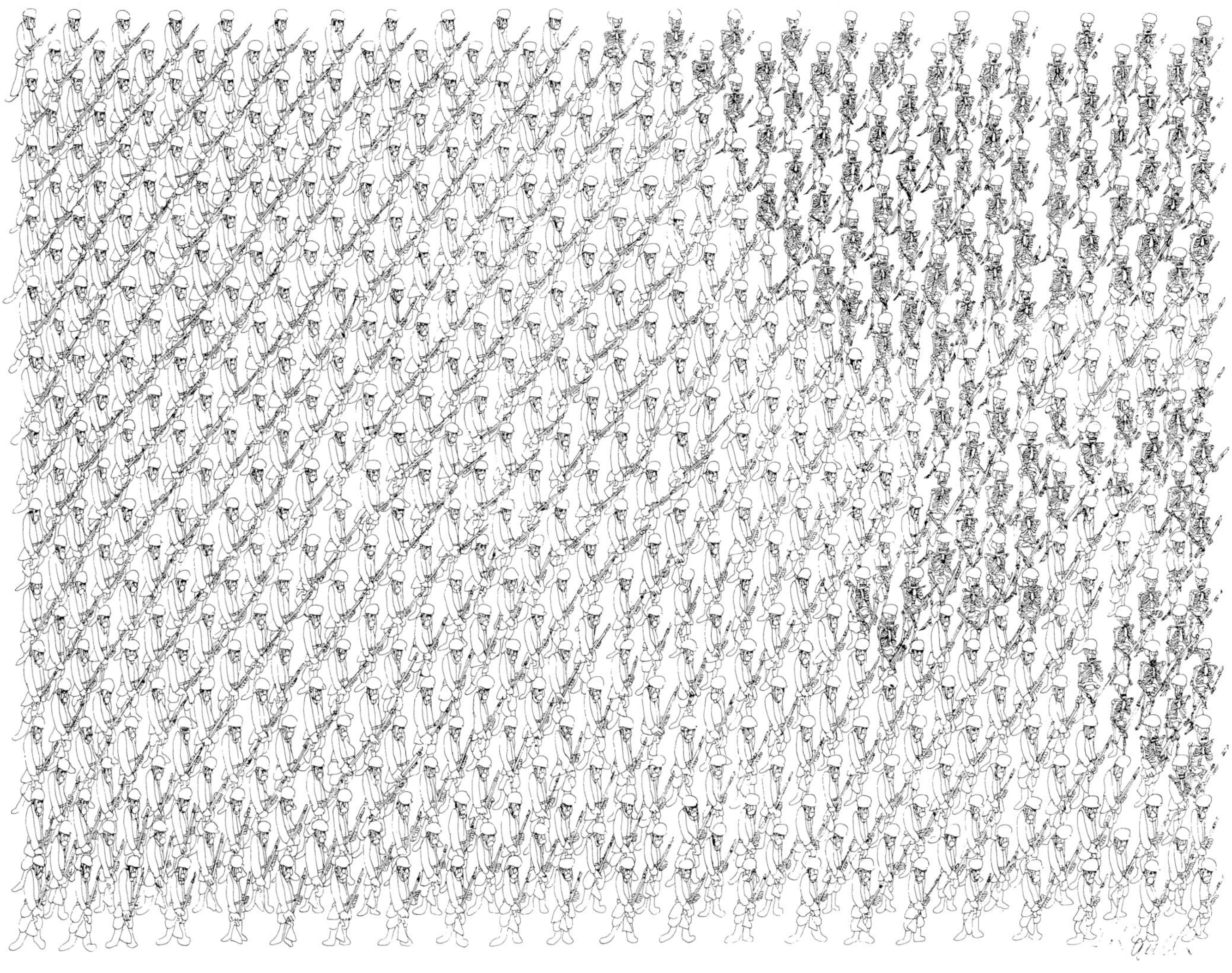

39 Tödliche Struktur (Detail), Kat. 19

40 Tödliche Struktur – Deadly Structure, 1973, Kat. 19

41 Mao, 1971, Kat. 14

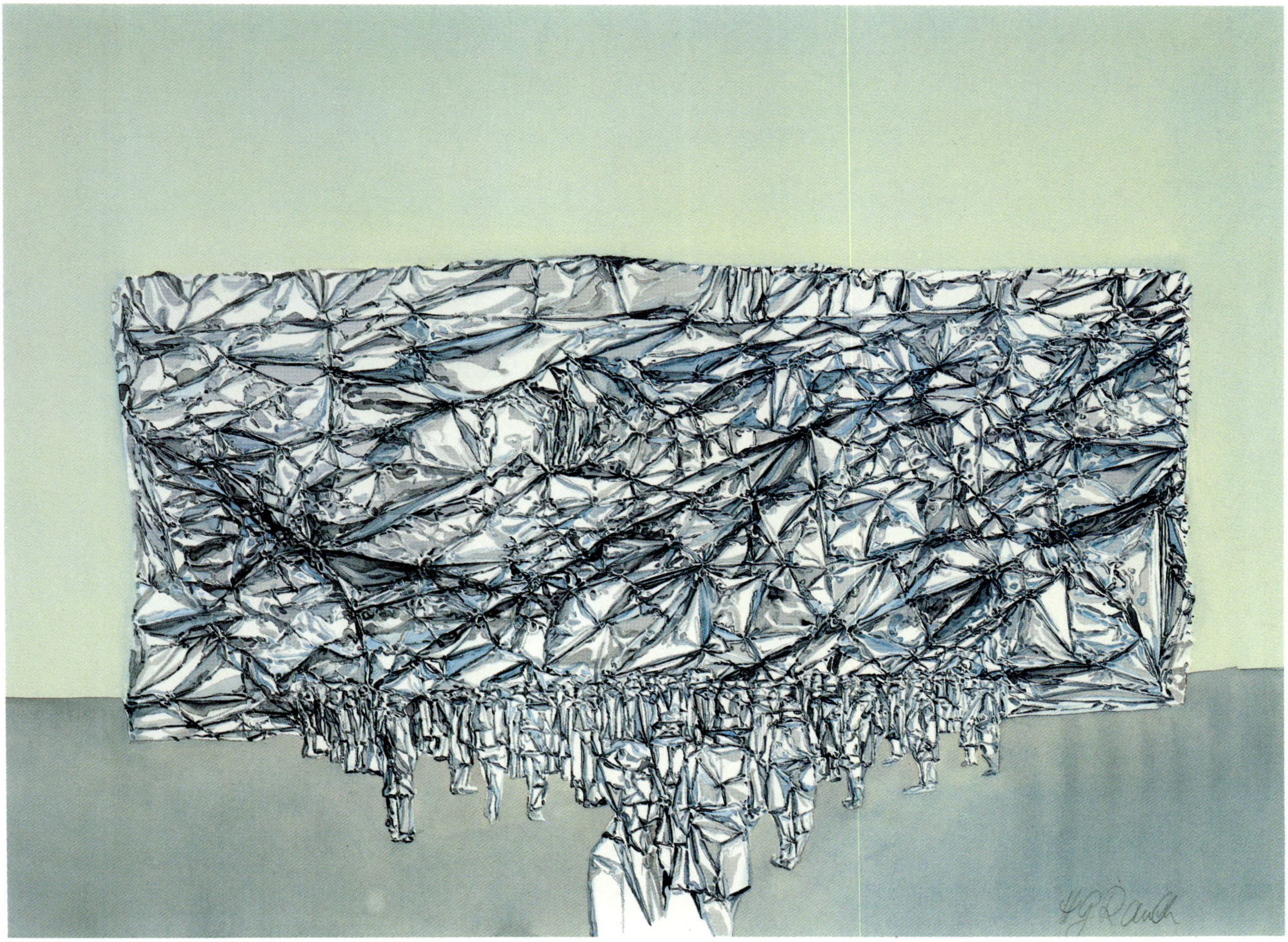

42 o. T. [Silberlinge] – Untitled [Silverclan], 1982, Kat. 232

43 o. T. [Computeragitation] – Untitled, 1987, Kat. 238

44 o. T. [IBM Feedbackunit] – Untitled, 1987, Kat. 239

45 Genetischer Garten – Genetic Garden, 1985, Kat. 234

46 Karriere mit Gemüt – Warm-hearted Career, 1987, Kat. 237

47 Großmutters Geburtstag – Granny's Birthday, 1979, Kat. 228

48 Großmutters Geburtstag (Detail), Kat. 228

49 Small talk, 1990, Kat. 176

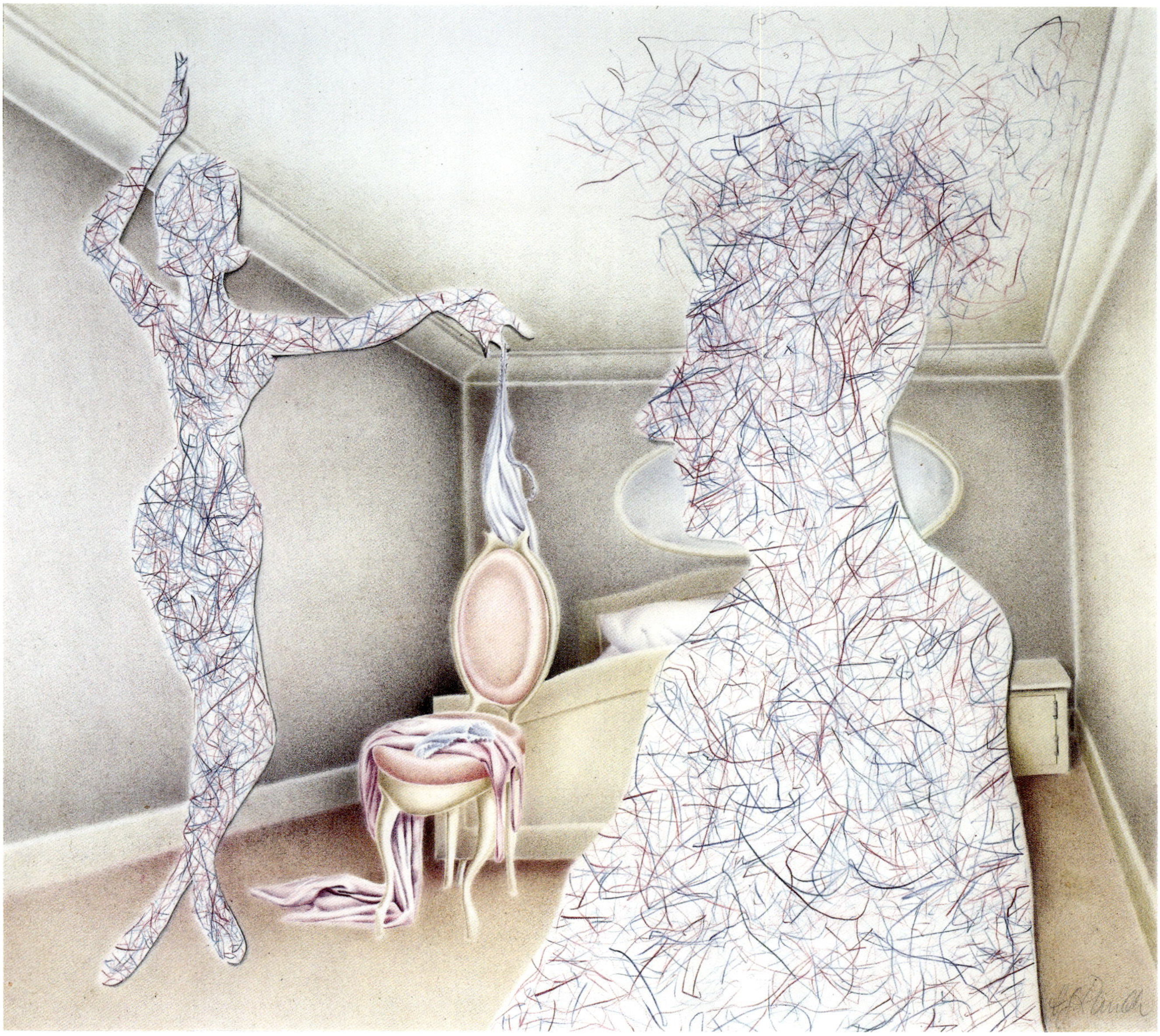

50 o. T. [Striptease] – Untitled, 1990, Kat. 175

51 Besuch – Visitors, 1988, Kat. 165

52 Cherchez la femme, 1989, Kat. 244

53 Ihr irritiert mich – You People Irritate Me, 1981, Kat. 231

52 Cherchez la femme, 1989, Kat. 244

53 Ihr irritiert mich – You People Irritate Me, 1981, Kat. 231

54 Kleiderorgie – No Case for Censorship, 1980, Kat. 161

55 Es sind mal alle wieder da – They're All There Again, 1975, Kat. 148

56 Ihr braucht Euch gegenseitig – You Need Each Other, 1975, Kat. 224

57 Nordkurve – Grandstand, 1978, Kat. 155

58 Nordkurve (Detail), Kat. 155

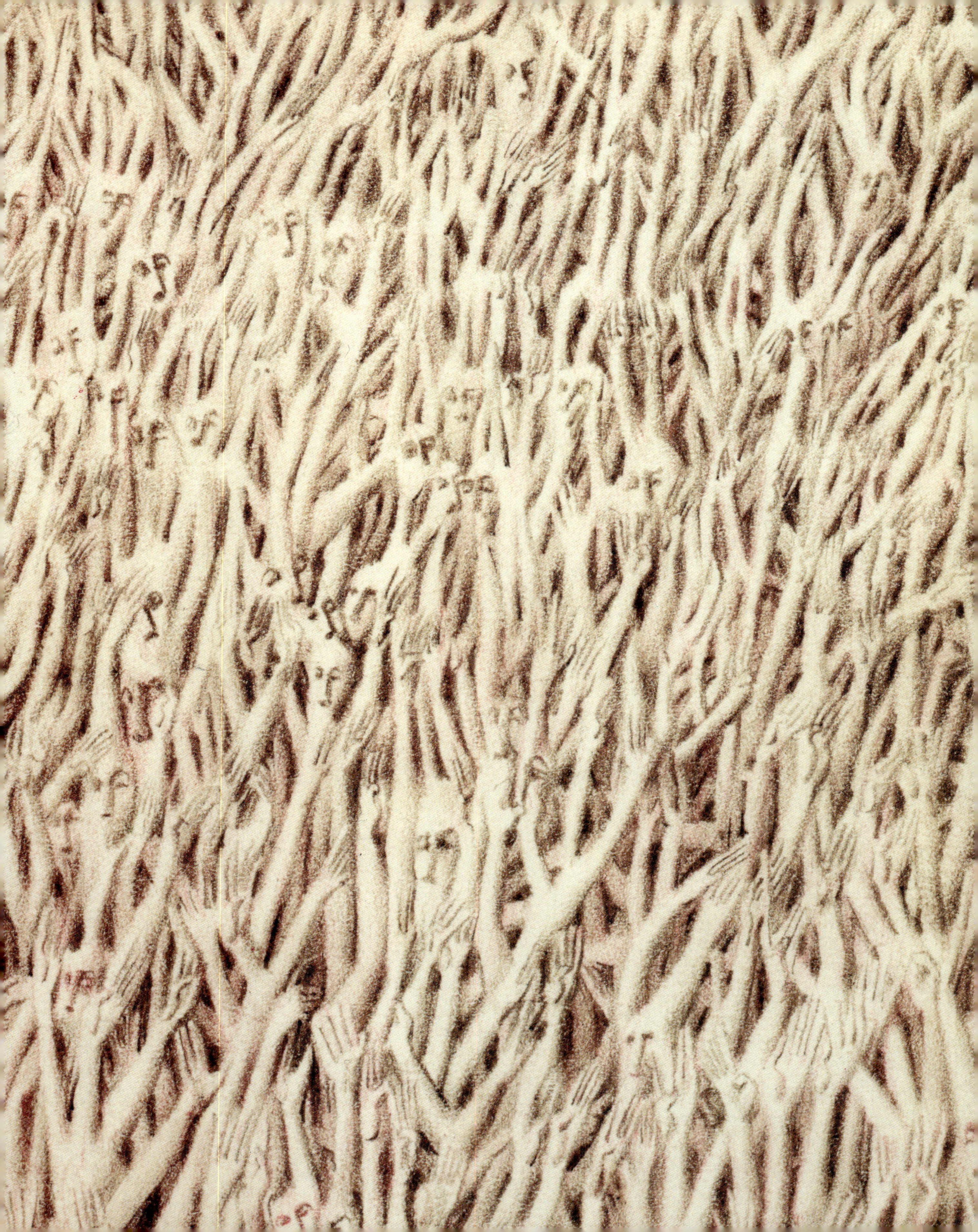

59 Schlacht am Pfingstsonntag – Battle on the Highway, 1975, Kat.149

60 Popfestival, 1979, Kat. 158

61 Papst (Detail), Kat. 153

62 Papst – Pope, 1978, Kat. 153

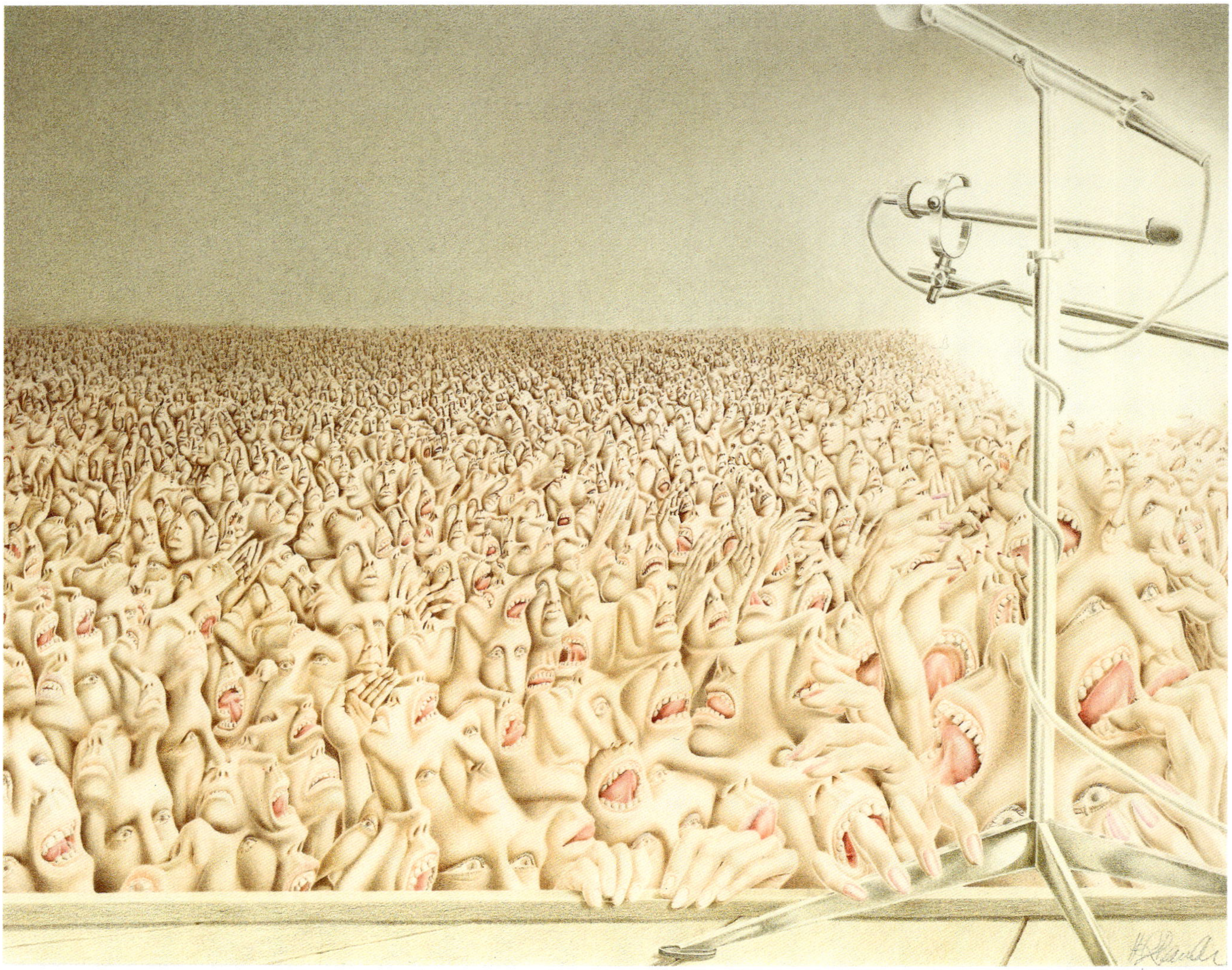

63 Fans, 1979, Kat. 157

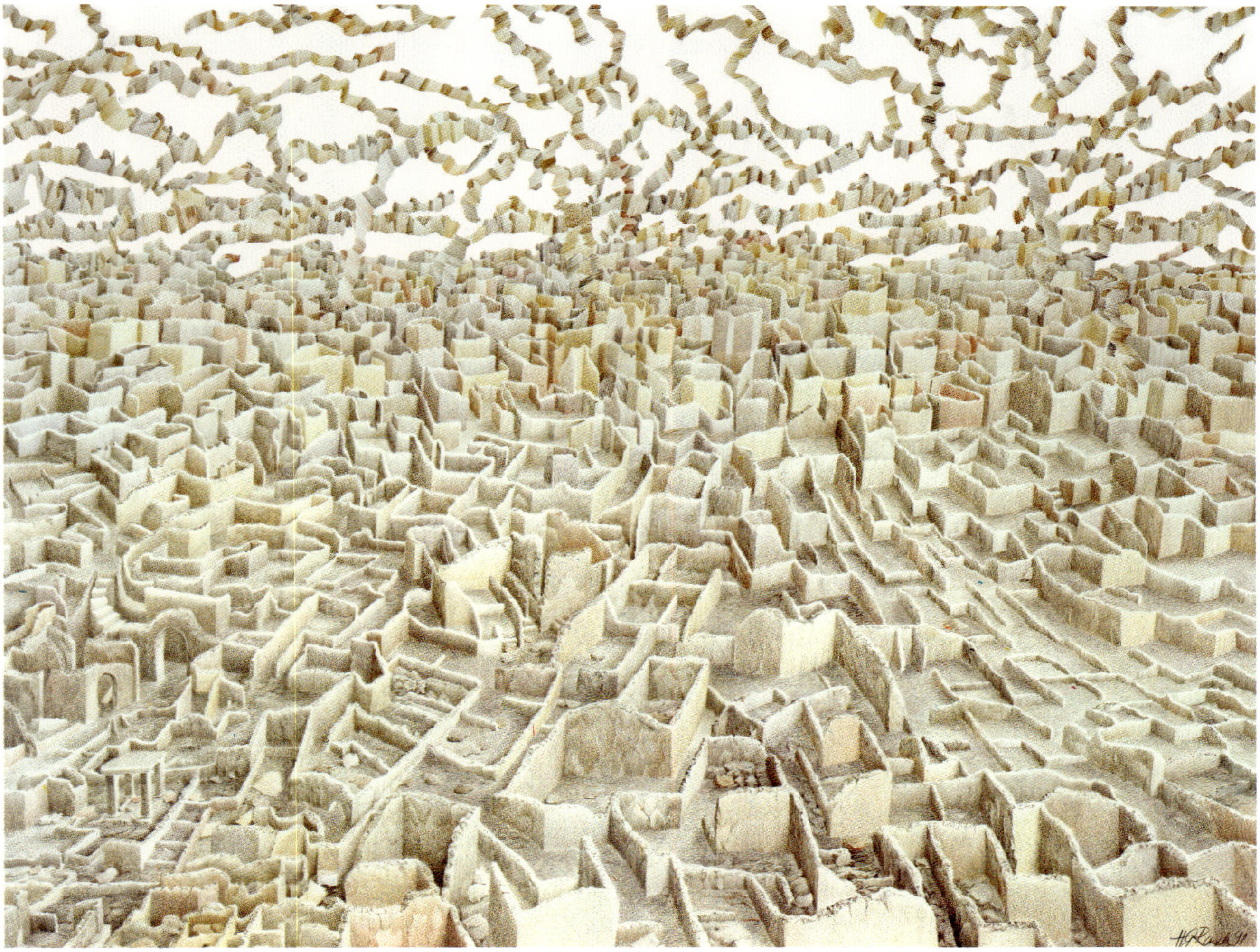

64 Dekomposition der Vergangenheit – Decomposition of the Past, 1991, Kat. 198

65 New York, 1991, Kat. 199

66 Chaos als Ordnung – Chaos as Order, 1970, Kat. 10

67 Studie: Synthese – Study: Synthesis, 1985, Kat. 59

67 Studie: Synthese – Study: Synthesis, 1985, Kat. 60

67 Studie: Synthese – Study: Synthesis, 1985, Kat. 61

68 Synthese – Synthesis, 1985, Kat. 62

69 Alptraum von der Wirklichkeit – Nightmare of Reality, 1982, Kat. 35

70 Alptraum von der Wirklichkeit (Detail), Kat. 35

71 Silberpapier – Silver Foil, 1985, Kat. 52

72 Heile Welt – An Ideal World, 1986, Kat. 79

73 Die gute alte Zeit – The Good Old Days, 1985, Kat. 55

74 Der Übergang in das Ende ist der erhabenste Augenblick einer Existenz –
The Passage into the End is the Most Sublime Moment of Existence, 1985, Kat. 310

75 Tränen – Tears, 1975, Kat. 275

76 Barocker Geist – Baroque Spirit, 1986, Kat. 71

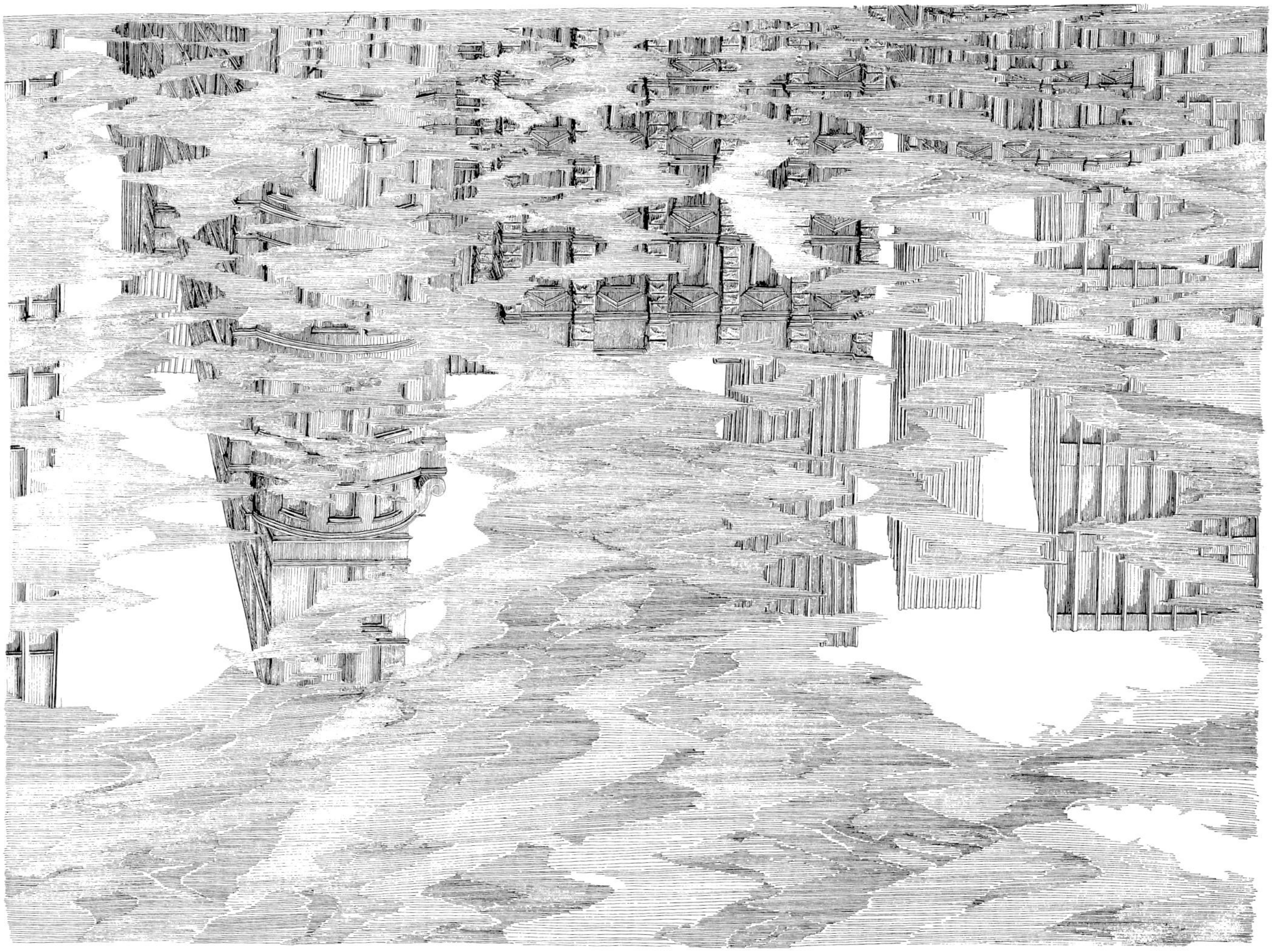

77 Nach dem Regen – After the Rain, 1986, Kat. 81

78 Monsignora, 1979, Kat. 299

79 Generationsproblem – Generation Problem, 1968, Kat. 5

80 Himmelsboten – Heavenly Host, 1967, Kat. 4

81 Die Invasion des Sieges – The Invasion of Victory, 1985, Kat. 50

82 Geist von gestern – Spirit of Yesterday, 1985, Kat. 51

83 Gefiederte Schatten – Feathered Shadows, 1982, Kat. 38

84 o. T. [Innenraum/Außenraum] – Untitled [Interior/Exterior], 1982, Kat. 41

85 Anklage – Preferral of Charges, 1986, Kat. 70

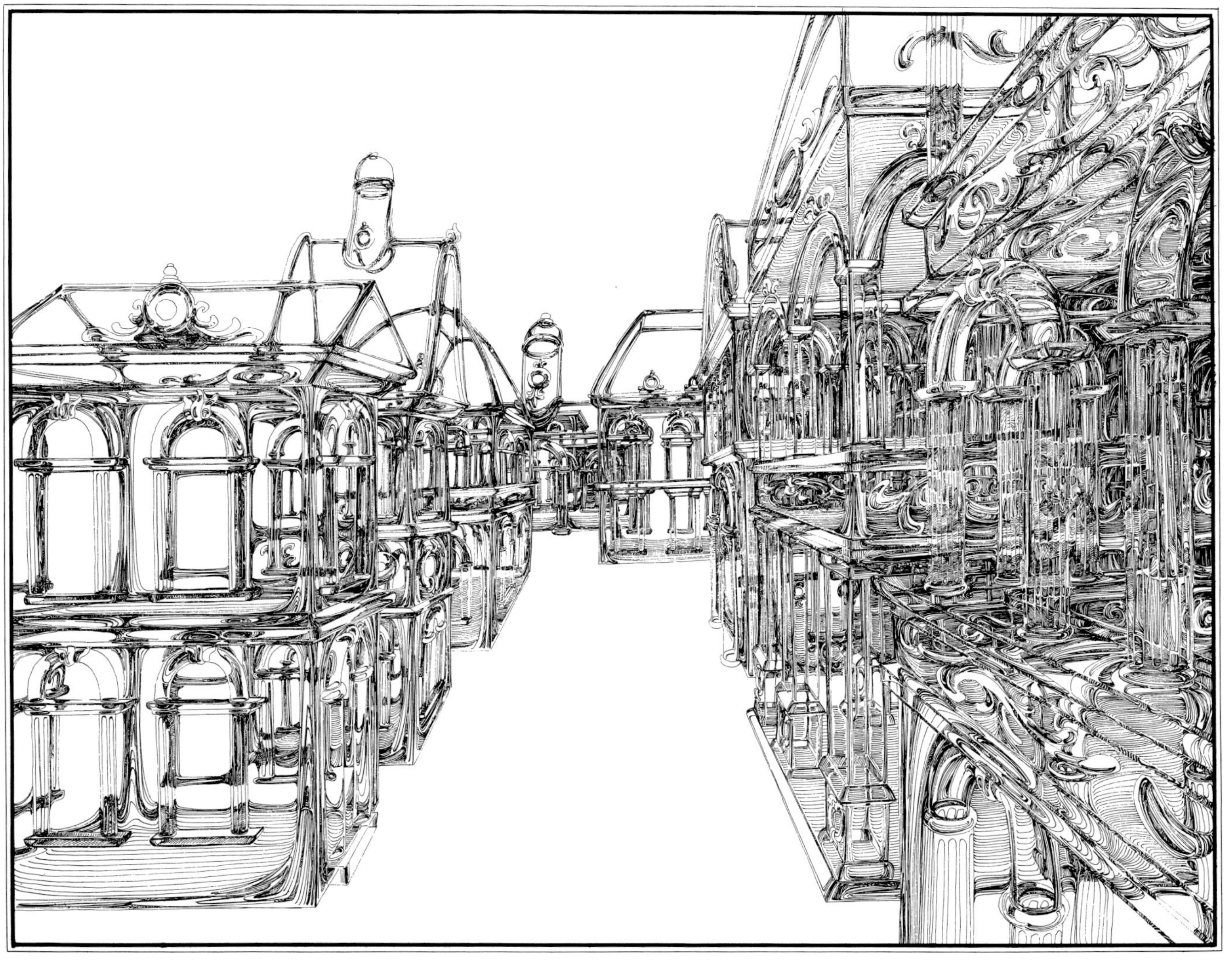

86 Kleinstadt/Gläserne Stadt – Small Town/Town of Glass, 1972, Kat. 15

87 Trümmerlandschaft – Scene of Devastation, 1975, Kat. 262

88 Ruinen der Kalligraphie – Ruins of Calligraphy, 1993, Kat. 141

89 Vermauerte Sehnsucht – Walled-In Yearning, 1978, Kat. 292

Kunst

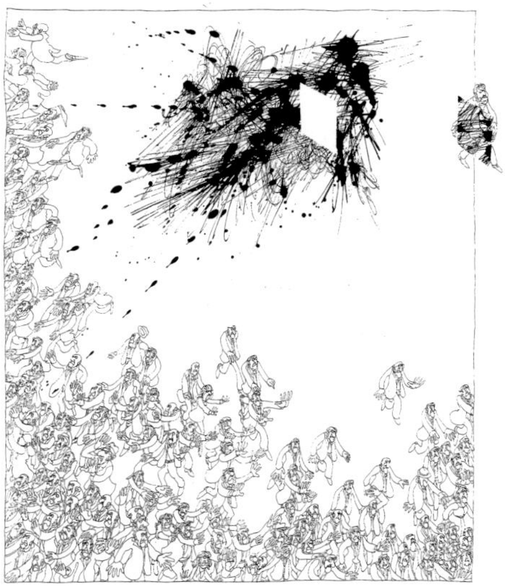

H. G. Rauch,
o. T. [Der Künstler als Spielverderber],
veröffentl. 1974

Hört zu, ihr Arschlöcher, das hier habe ich gemacht, und es interessiert mich einen Dreck, ob ihr es mögt, wie Frank Zappa gesagt haben würde. *HGR, Arbeitsjournal*

Ausdrücklich warnt er vor sich, dem Augentäuscher, immer wieder führt er in Rollenspielen Abenteurertum und Illusionismus des Zeichners vor Augen, immer wieder unterbricht *Katachresis* harmlose Illusion, verweist Bildbruch auf Tieferes. Das, was vordergründig Grille scheinen mag, launiger Einfall, Lust des Zeichners, erweist das *Komische* zutiefst als Konsequenz des Willens zur Wahrheit, die List des Zeichners als Werkzeug des *Philosophen.*

Werkzeug ist das satirische Kunstwerk zur Gänze. Es fungiert in einer Opferrolle: HGR zerschneidet es und montiert es neu. Die radierte Platte in einzelne, unregelmäßige Elemente, zum Druck so zusammengefügt, daß die gewaltsame Sprengung bildlicher Einheit einsichtig wird. Satire als *Sehschlacht*, analog der neuzeitlichen Erkenntnismethode, wie sie einst Francis Bacon mit seiner Maxime des Naturzerschneidens begründet hatte. Oder, zeitlich näher, Rauchs Vorbild Paul Klee, der das Zerschneiden eigener Werke zur künstlerischen Methode erhob.

Der Duktus der *Gewaltsamkeit* findet sich denn auch nicht nur in Rauchs Sujets, in Explosionen, Eruptionen oder auch nur in den vom Winde verwehten Strichen einer Zeichnung. Der Duktus der Gewaltsamkeit führt ins Innere der Satire:

»Der satirische Zeichner hat die Aufgabe, Metaphern zu finden. [...] Das ist eine Chance, die Leute auf seine Gedanken aufmerksam zu machen: das ist aber auch seine Chance, im Sinne einer *Brennglasfunktion* möglichst präzise zu sein. Der Zeichner muß die Gedanken seiner Betrachter auf einen ganz bestimmten Punkt richten, der für seine Botschaft eine Rolle spielt.« (HGR)

Die Opferrolle des Kunstwerks ist also letztlich im Leiden des Instruments begründet, in seinem Charakter als Mittel zum Zweck. Hier ist es Ausschnitt aus der Wirklichkeit, d. h. einerseits Begrenzung, nur *Teilwahrheit.* Andererseits aber auch *Teil der Wahrheit,* d. h. dokumentarisch und ins Feld zu führen gegen die, die die Wahrheit nicht wahrhaben wollen, Anstoß nehmen an angeblicher Übertreibung, Einseitigkeit, subjektiver Sicht.

Der Dialog, die gemeinsame Rekonstruktion des Bildes, die Verständigung über die Problematik ist die aufklärerische Hoffnung des Satirikers und die Erlösung des Kunstwerks aus seiner Instrumentalisierung: der Ausschnitt, wieder eingesetzt, ergäbe das richtige, allen gemeinsame Bild, *common sense.* Rauchs Satire zielt auf das Gelingen gesellschaftlicher Kommunikation.

Eine Besonderheit des Rauchschen Politikbildes liegt denn auch nicht im Massenekel an sich, sondern in der Abneigung gegen die panische, kopflose, die formbare und formierte Masse, das Menschenmaterial. Verachtung hegt Rauch für die zu eigenem Denken zu Bequemen, zur Veränderung nicht Fähigen. »Eins verpaßt kriegen« aber müssen sie.

90 Farbexperiment mit grünen Klecksen – Colour Experiment with Green Splotches, 1971, Kat. 223

91 Kinderzeichnung – Children's Drawing, 1991, Kat. 186

92 1968 – The Generation Gap, 1969, Kat. 146

93 Volkshochschule – Adult Education Class, 1976, Kat. 226

94 Schlacht I – Battle I, 1989, Kat. 172

95 Persiflage auf ein Schlachtengemälde – Persiflage of a Battle Scene, 1976, Kat.152

96 Persiflage auf ein Schlachtengemälde (Detail), Kat. 152

97 Pinsel am Himmel – Brush in the Sky, 1985, Kat. 235

98 Keine Lust mehr – Not in the Mood Anymore, 1983, Kat. 162

99 Durchblick – Vista, 1989, Kat. 170

100 Umgekehrt – The Other Way Round, 1988, Kat. 167

101 o. T. [Multivision] (Detail), Kat. 247

102 o. T. [Multivision] – Untitled, 1993, Kat. 247

103 o. T. [Menschen-Raster] – Untitled [Framework of People], 1993, Kat. 248

104 Lebenszyklus – Life Cycle, 1993, Kat. 221

105 Flüchtende Linien – Leaving Lines, 1990, Kat. 181

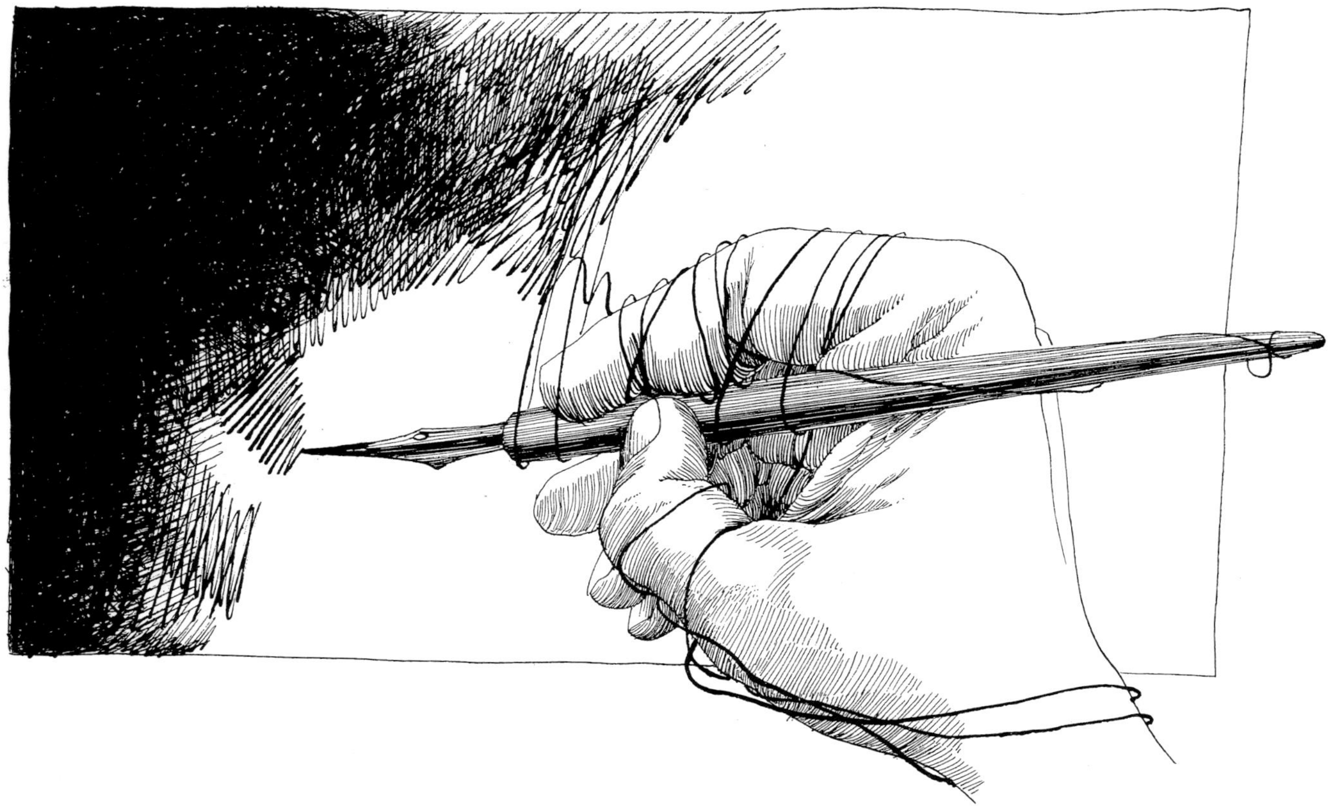

106 Alles schwarz – All Blacked Out, 1987, Kat. 118

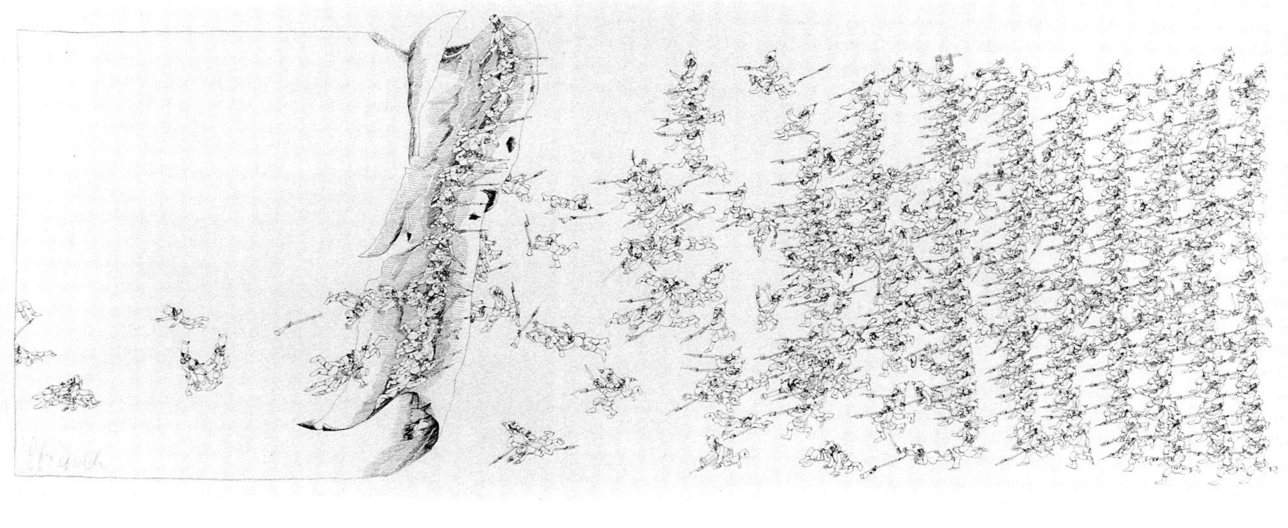

107a Menschenmaterial – Manpower, 1976, Kat. 30

107b Papierwall – Paperwall, 1976, Kat. 32

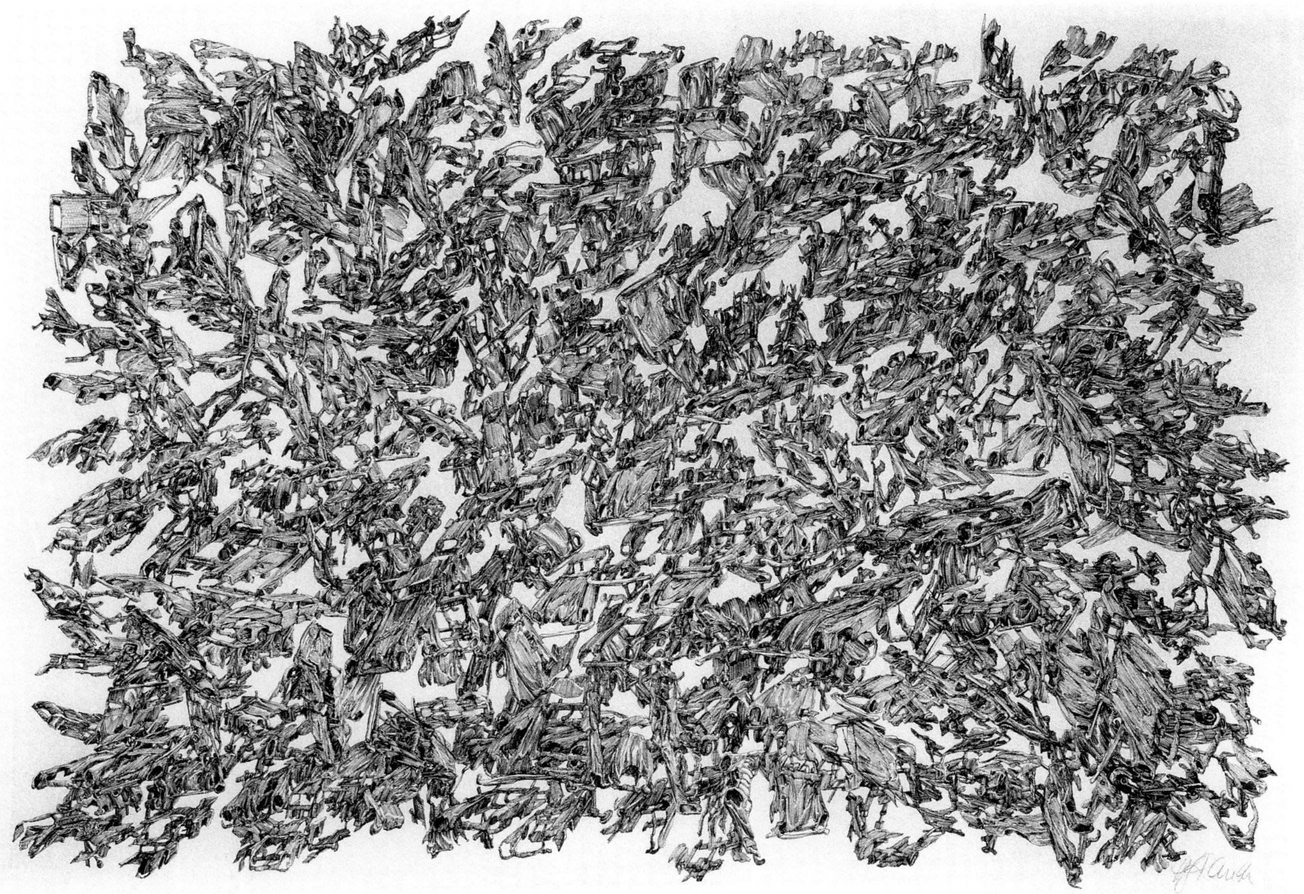

108 Schrott in der Schwebe – Scrap in Suspense, 1975, Kat. 24

109 Bild der Zerstörung – Scene of Destruction, 1986, Kat. 74

110 Galerie – Gallery, 1976, Kat. 225

111 Autoblech – Bodywork, 1969, Kat. 6

112 Prinzip Hoffnung – The Principle of Hope, 1976, Kat. 276

113 Unsere Basis – Our Basis, 1975, Kat. 263

114 Das gerettete Haus – The Saved House, 1975, Kat. 264

115 Skelettmeer – Sea of Skeletons, 1976, Kat. 281

116 Sehschlacht – See Battle, 1976, Kat. 277

117 Galerie – Gallery, 1978, Kat. 296

118 Das Schloß – The Castle, 1985, Kat. 53

119 Gesellschaftstheater (Detail), Kat. 3

120 Gesellschaftstheater – The Theatre of Society, 1967, Kat. 3

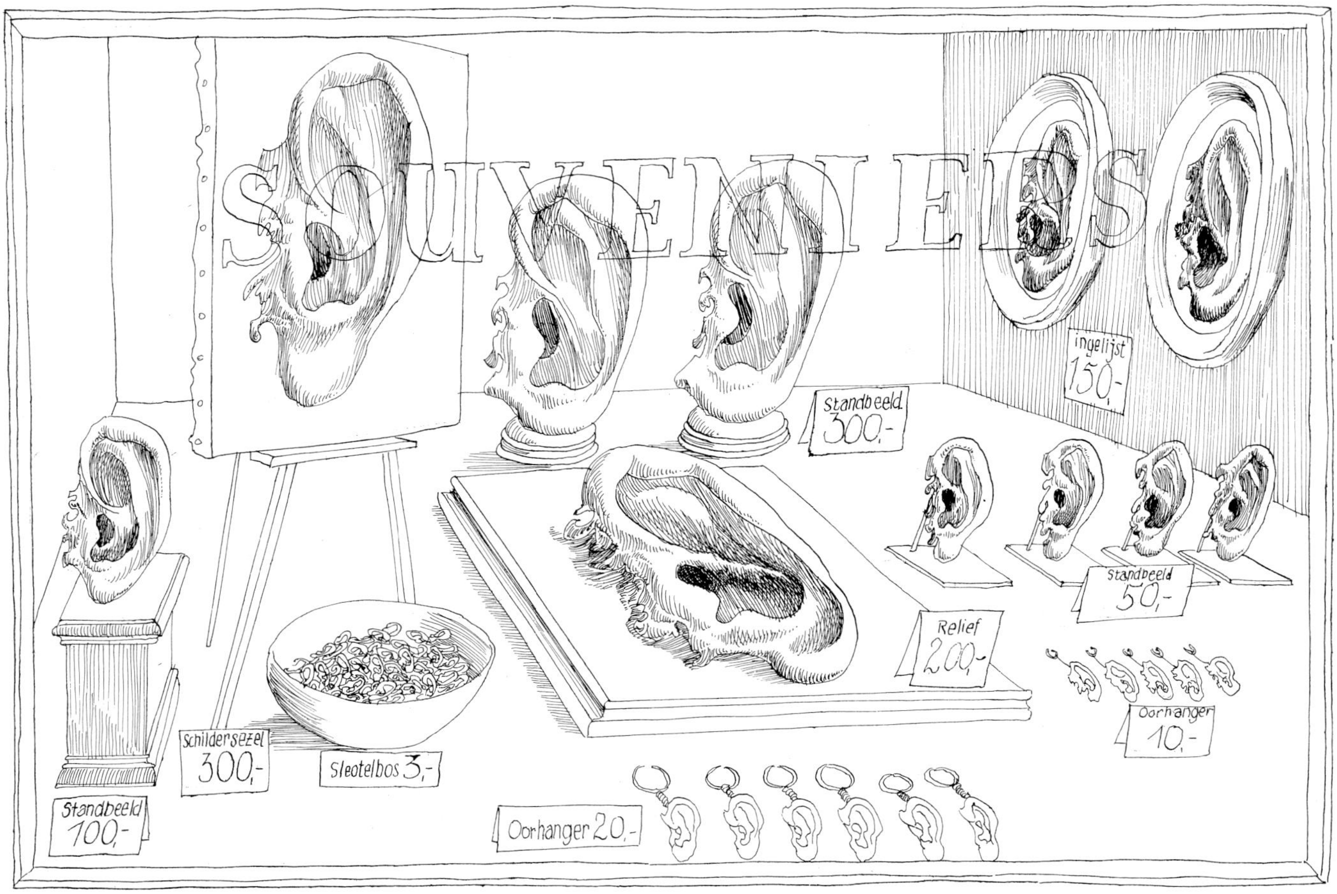

121 Kunst für alle – Art for Everybody, 1990, Kat. 124

122 Oskar Amadeus, 1985, Kat. 64

123 6000 Vergeßtnichtmein – 6000 Forget-Me-Nots, 1982, Kat. 34

124 Popcorn, 1985, Kat. 65

125 Tanz der Buchstaben – Dance of Letters, 1992, Kat. 130

126 Piranesi in der Schwebe – Piranesi in Suspense, 1985, Kat. 309

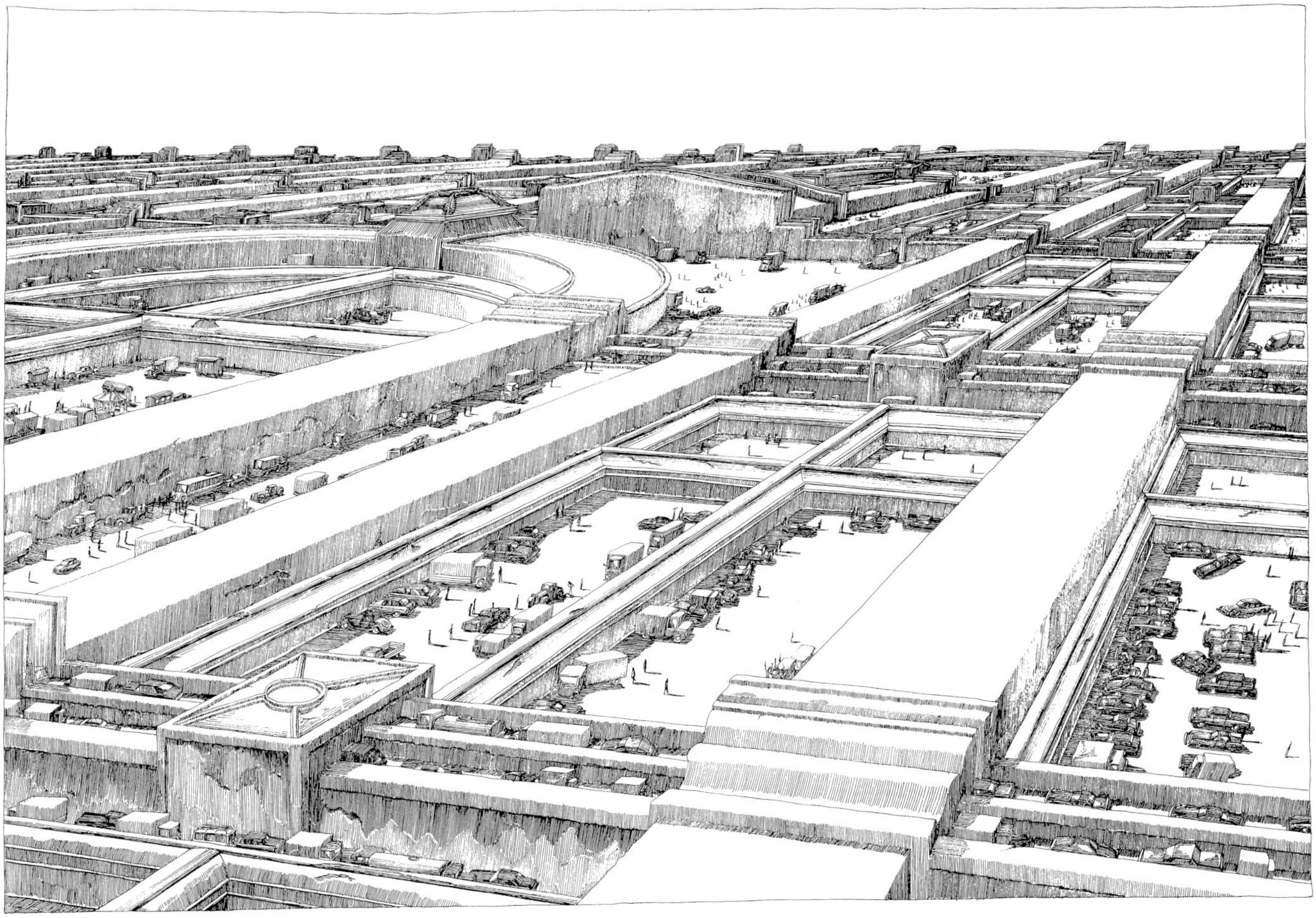

127 Verkehrt – Topsy-Turvy, 1986, Kat. 80

128 Europa – Quo vadis – Europe – Quo vadis, 1985, Kat. 56

129 Ikarus – Icarus, 1987, Kat. 90

Natur I

H. G. Rauch,
o. T. [Sprung in die Landschaftsmechanik], veröffentl. 1974

Kopfsprung in die Natur – den reizvollen Wellenschlag ihrer sichtbaren Oberfläche durchbrechend, hinein in die unsichtbaren mikrophysischen Dimensionen ihrer Mechanik und Konstruktion. Im komischen Assoziationssprung seines Protagonisten aus dem weißen Nichts des Zeichengrunds konfrontiert Rauch naive Anschauung, wissenschaftlich-technisches, apparativ vermitteltes Weltbild und karikierende Distanzierung. Landschaft diente ihm früh schon als Totalitätsmetapher, Zusammenfassung seiner unzeitgemäß auf Wahrheit drängenden Weltsichtung. Mit zunehmender Industrialisierung der Simulation, der Entstehung weiterer televisionärer virtueller Welten und elektronischer Zeichenräume schoben sich neue Filter vor *die* Natur, vervielfältigten sie. Machten Unterscheidung, Orientierung unsicher. Industrielle Verwertung, materielle Naturzerstörung, mediale Vervielfältigung drängten die Landschaft aus ihrer angestammten zivilisationskompensierenden in eine zivilisationspotenzierende Rolle (M. Warnke).

Natur? – Die Formen ihrer landschaftlichen Gestalt sind bei Rauch entsprechend vielfältig: sie erscheint als Porträt (›Mao‹, ›Castro‹, Abb. 41, Fig. 18), als menschlich-hilfloser Gigant (Abb. 140), Industriewelt, Schlachtenbild, Stadt- und Häusermeer, ökologische Ohnmachtslandschaft, ungebrochenes Sehnsuchtsziel oder gensprachlich verschlüsselte Paradiesmetapher ebenso wie als Opfer zeichnerischer Willkür.

Aus dem Registrieren der industriellen wie sozialen Verlustpotentiale und -determinanten weiß HGR neue zeichnerische Handlungsmöglichkeiten freizusetzen. Neue Kombinationen und Verschmelzungsmöglichkeiten von Landschaftsgenres, neue Erzählformen. Unter der Lizenz des Komischen zwingt er Anschauungsformen zusammen, gewinnt er Natur als das andere und das Identische menschlicher Existenz der ästhetischen Darstellung zurück: in der zyklischen Folge großer Federzeichnungen, seiner ›Physiognomia arborum‹ (1989, Abb. 129–152) erzählt er Weltgeschichte im ehrwürdigen Paradigma des Baumes, das der Satiriker in das des Baumes der Erkenntnis zu verwandeln trachtet. Zwischen der wissenschaftlichen Methode des ›Visual Tree Assessment‹, mit der Dendrologen kranken Bäumen die Diagnose stellen, und gotischer Groteske schwankend, berichten »hölzerne Epopöen« vom tragischen Scheitern des Menschen, sich über seine natürliche Konstitution, über seinen anorganischen Leib (Karl Marx) zu erheben; von ungeheuren Fluten, industrieller Vernichtung, Hexentänzen, schlammiger Genesis: eine Schöpfungsgeschichte, die in der Schnittfläche eines Baumstumpfes den Mikrokosmos aufzurufen weiß, und die dennoch unaufhaltsam dem Abgrund entgegengeht. Dazwischen verwirrend komische Fallhöhe: gebrochen wird der hohe Ton von Burleskem, wenn Omas Umriß unter dem Bildnis vom röhrenden Hirsch Besuch aus New York (Kat. 107) erwartet oder plötzlich das ›Porträt‹ des Künstlers an der Seite seiner äffischen Anverwandten aus den Ornamenten des Urwalds ersteht (Abb. 143).

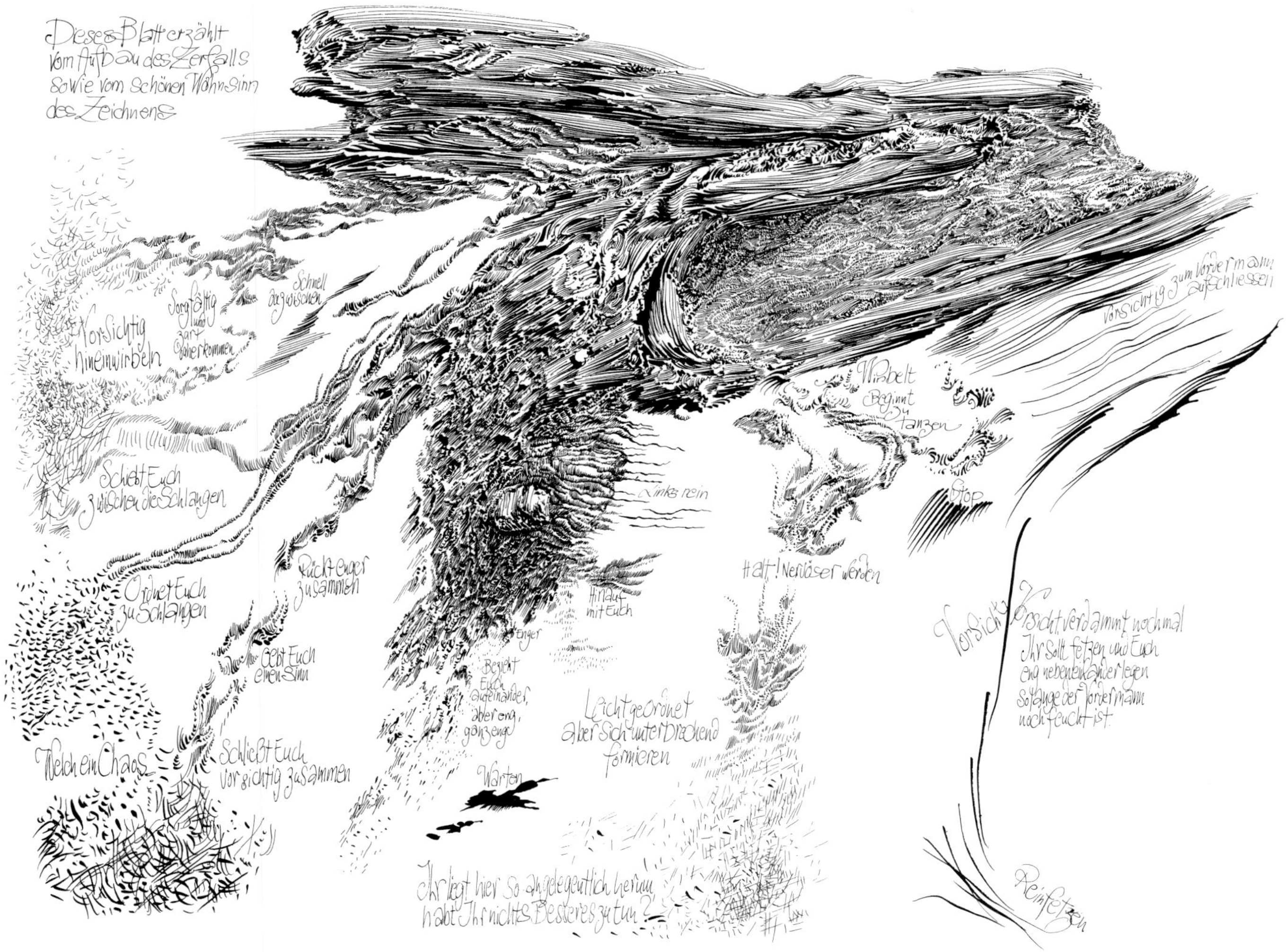

130 Prolog – Prologue, 1987, Kat. 83

131 Wunde – Wound, 1987, Kat. 88

132 Weltreise des Schmetterlings – Butterfly's World Tour, 1987, Kat. 89

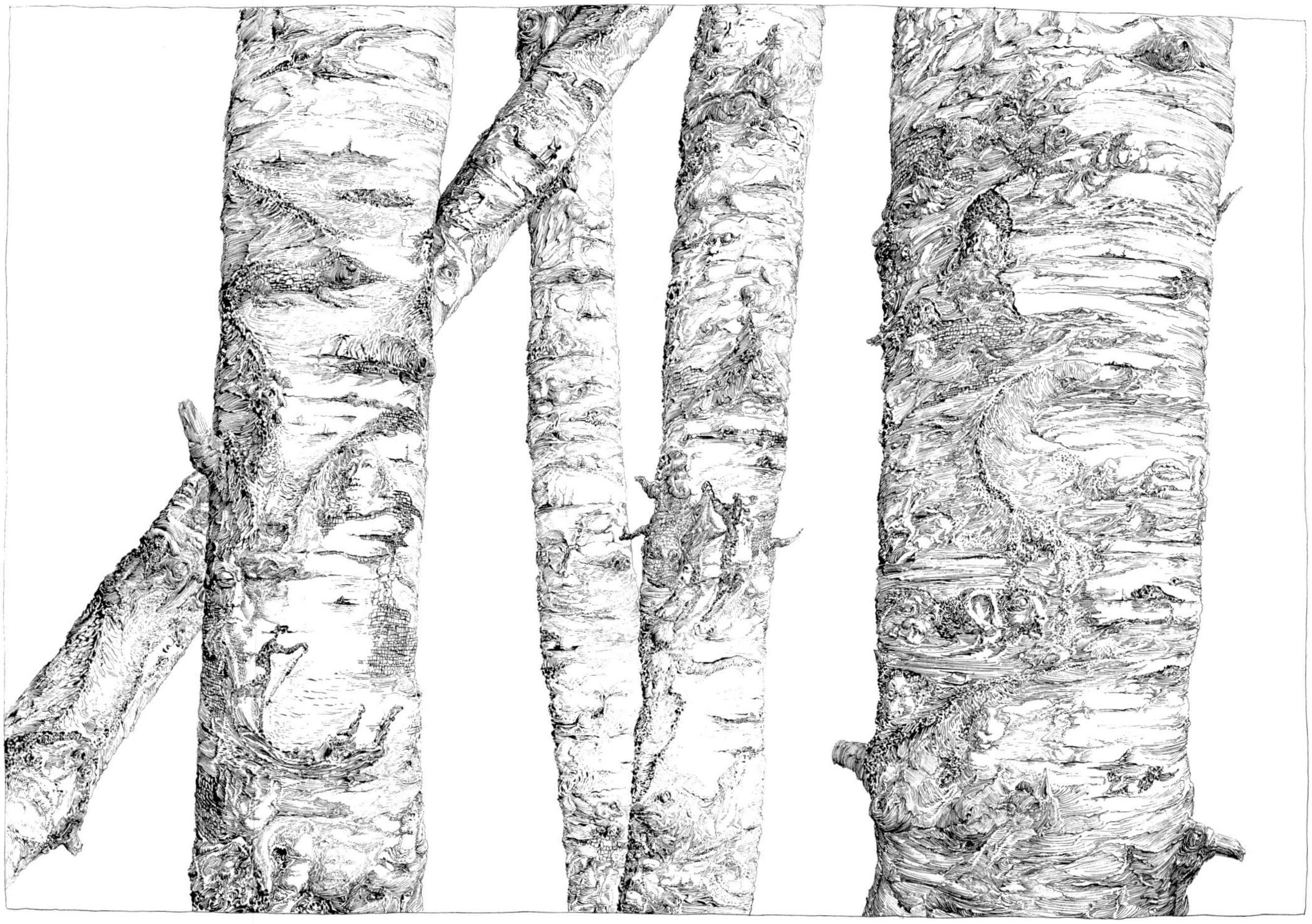

133 Arkadische Erzählungen (Detail), Kat. 93

134 Arkadische Erzählungen – Arcadian Tales, 1986, Kat. 93

135 Überlagerung – Overlapping, 1987, Kat. 92

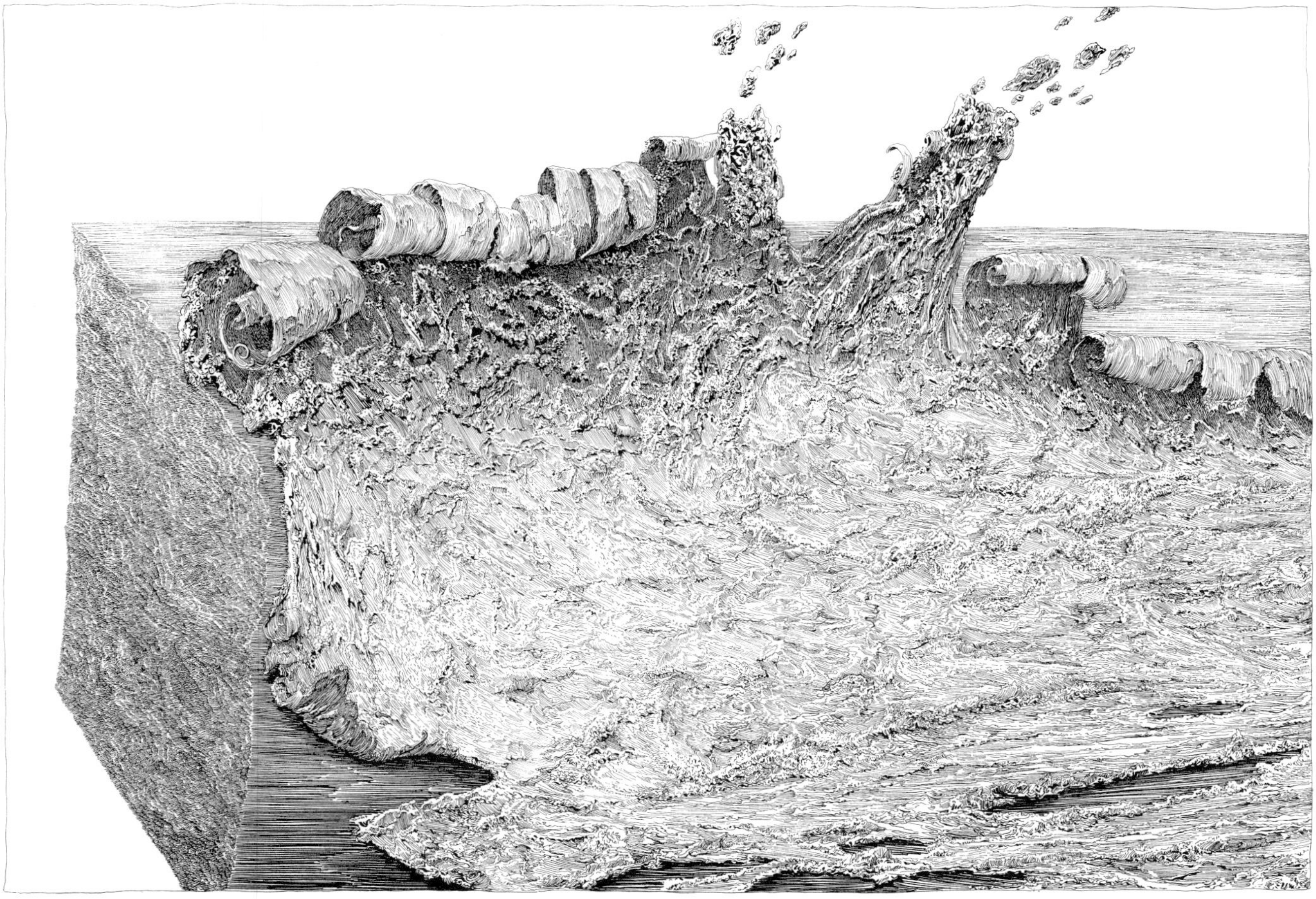

136 Rindenränder – Bark Boundaries, 1987, Kat. 97

137 Im Startloch – At the Start, 1987, Kat. 104

138 Held – Hero, 1987, Kat. 103

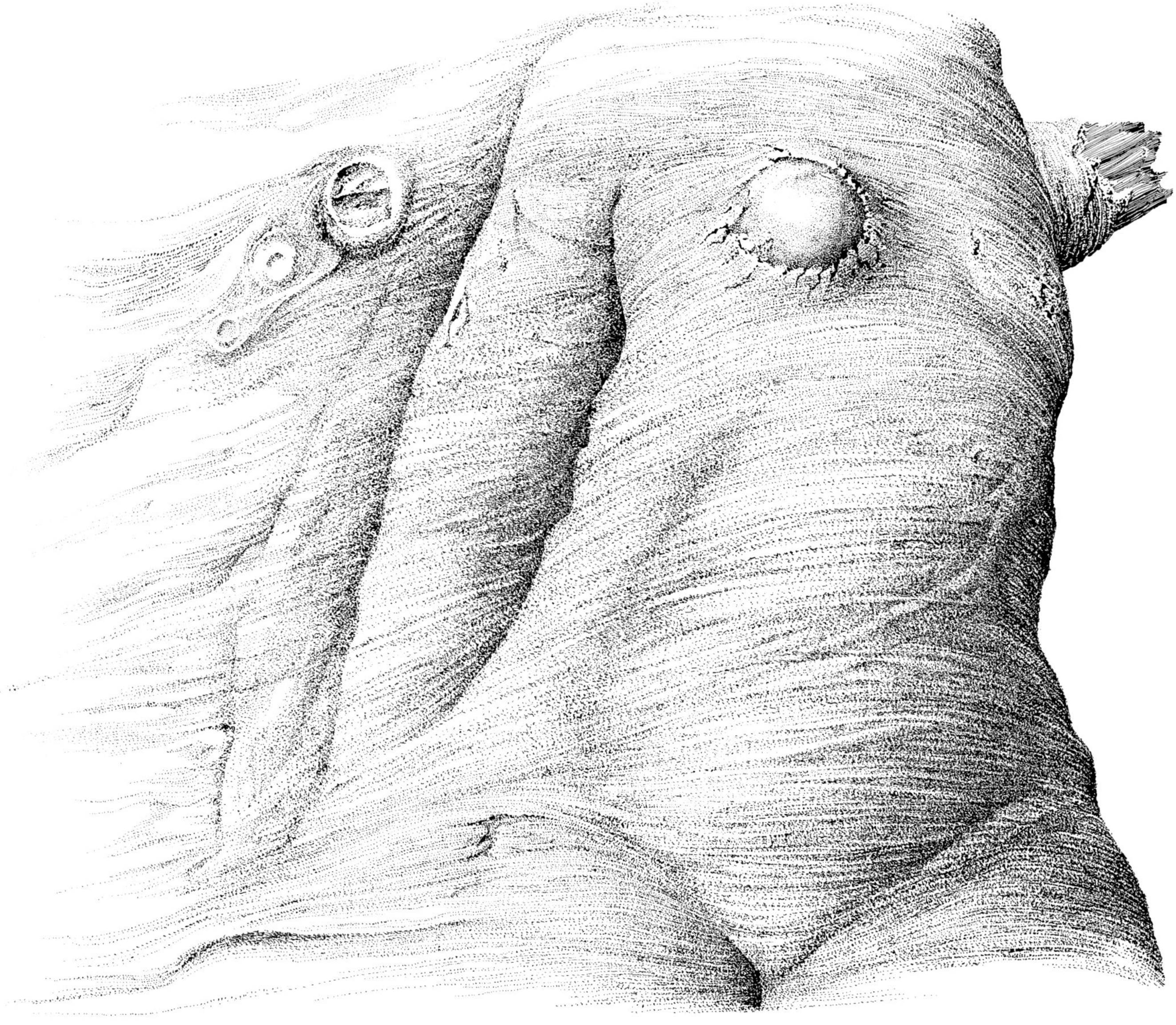

139 Schöner Schein – Nice Illusion, 1987, Kat. 106

140 Hilflose Landschaft – Helpless Landscape, 1975, Kat. 260

141 Langeweile – Boredom, 1986, Kat. 108

142 Dekonstruktion – Deconstruction, 1987, Kat. 94

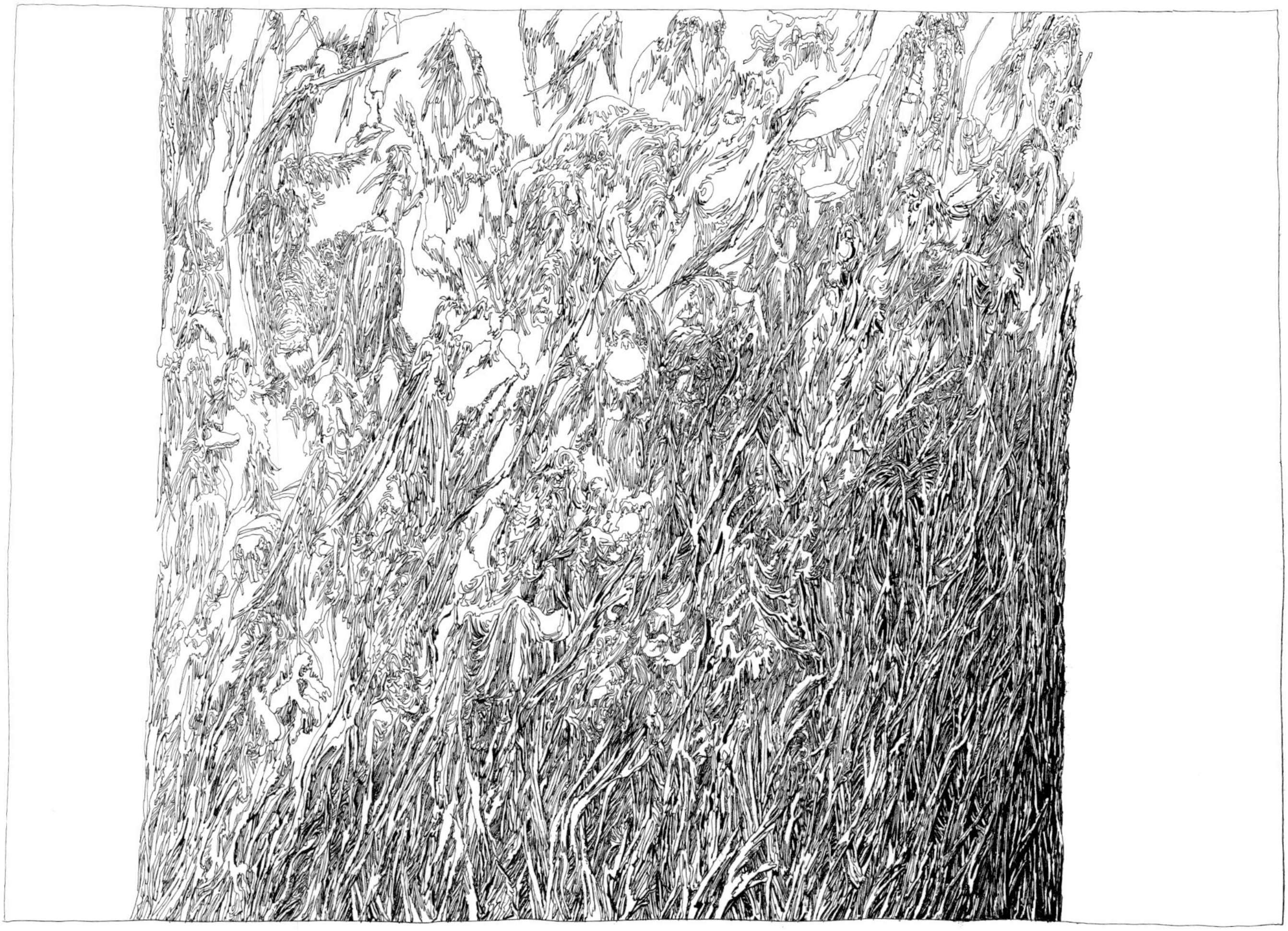

143 Urwald (Detail), Kat. 114

144 Urwald – Jungle, 1987, Kat. 114

145 Turmbau – Building a Tower, 1987, Kat. 112

146 Felsenstadt – Mountain City, 1987, Kat. 115

147 Ka-thee-draa-le – Cathedral, 1987, Kat. 116

148 Zelt – Tent, 1987, Kat. 111

149 Rocky Mountains, 1978, Kat. 295

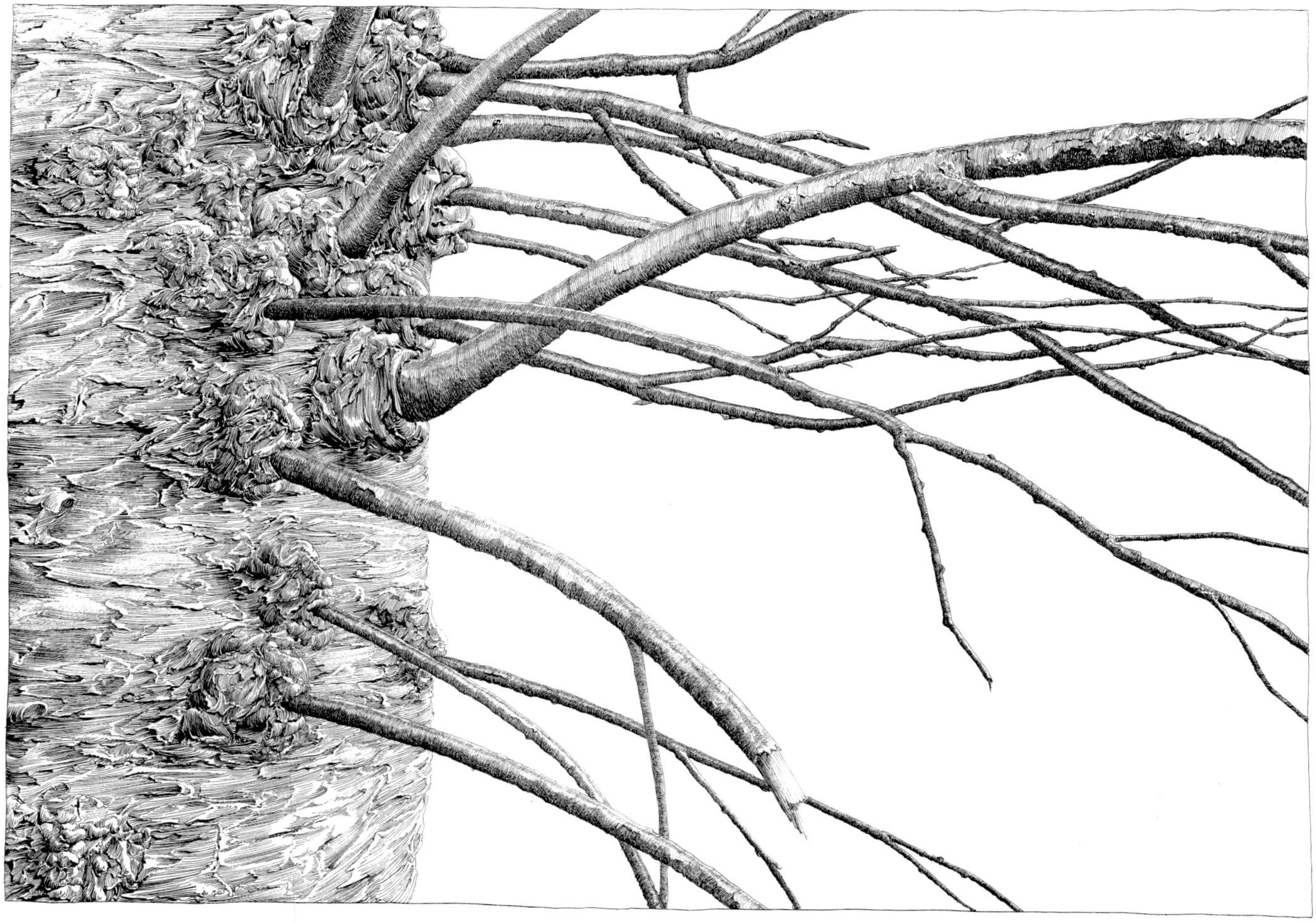

150 Geschößlinge – Shoots, 1987, Kat. 86

151 Wunde – Wound, 1975, Kat. 26

152 Abgrund – Abyss, 1987, Kat. 117

153 Entwurzelt – Uprooted, 1980, Kat. 304

Natur II

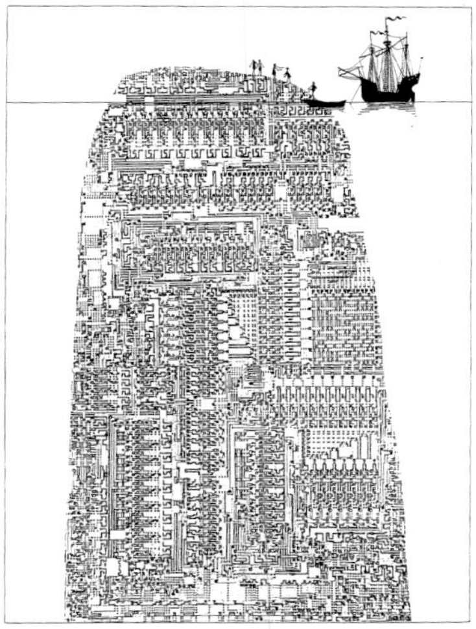

H. G. Rauch,
Neuland, 1985

Stellen wir uns wirklich die Wahrheit vor oder ist alles bloß gezeichnet? Ist eine Vorstellung nicht eine Sinnestäuschung?
HGR

Zwar sah Rauch in ›Neuland‹ (1985) die Ausweitung des menschlichen Gehirns in die technische Apparatur des Computers für vollendet an, die er so furios mit der Metapher der Maschine im Hirn hatte beginnen lassen. Dennoch gleicht der Computerchip einem neuen Kontinent, der der Entdeckung harrt. Neun Zehntel seines Territoriums befinden sich noch unerkannt unter der Wasseroberfläche. Die frisch gelandeten Conquistadoren unternehmen zögerlich gerade die ersten Schritte zu seiner Inspektion.

Nur fünf Jahre später hat sich die Situation drastisch gewandelt. Höhe und Summe seines Schaffens bildet die lose Folge der großen Farbstiftzeichnungen zum ›Aufstand der Landschaft‹ (Abb. 154–177), die große satirische Form, gewonnen aus dem »Experiment der Karikatur« (E. H. Gombrich). Der Zeichner reagiert auf die ungekannte Ermächtigung des Bildes und das unmittelbare Politischwerden der Wahrnehmung durch die neuen, computergestützten bildgebenden Technologien mit der »satirischen Landschaft«: er beharrt auf Natürlichem im grimmen Bewußtsein von dessen Uneigentlichkeit. In der Synthese einer Kritik der Naturzerstörung, der Entropie gesellschaftlicher Kommunikation und melancholisch-philosophischer Reflexion über den davon unbeeinträchtigten Fortgang der Evolution – bis zuletzt experimentierend, mit ungebrochener Lust an den geistigen Spuren seiner Hand.

In der Erfahrung der globalen Gefährdung der Umwelt entstehen apokalyptisch-ironische Visionen vom »Ende der Welt« in der Tradition eines Hogarth, den zu kennen er einmal in sokratischer Bescheidenheit bestritt (»Hogarth? Kenne ich nicht. Ich bin nicht gebildet.«) Mit der ihm eigenen Melange narrativer Zeichenfreude und analytischer Denkanstrengung, sinnlicher Abstraktion und komischer Entlastung leistet Rauch satirische Arbeit an der Apokalypse: »… ich habe die Hölle in mir – und die läßt sich nicht in Ordnung halten wie eine Datenbank.«

Verbindlich bleibt die Vorstellung der Natur als das andere des Menschen, indem er ihr Bild vermenschlicht; oder sich der erotischen Vorstellung einer ungebrochenen Natur hingibt; oder sie auch nur zum Spielmaterial seines zeichnerischen Experimentierens bestimmt. Seine radikale erkenntnistheoretische Skepsis angesichts der neuen Medienlandschaft, seine satirische Vision kleidet Rauch in ein Paradoxon: »Die Wirklichkeit ist interpretationsfähig, solange man sie falsch versteht.« Entweder wird Wirklichkeit richtig verstanden, dann ist ihr Bild eindeutig, der Auslegung mithin weder fähig noch bedürftig: scheinbar selbstverständlich das Ziel aller Erkenntnistätigkeit einschließlich des Zeichnens. Sie machte sich mit ihrem Erfolg überflüssig.

Wird der Blick jedoch auf die plurale Dimension des »man« gerichtet, verschieben sich die Relationen; das falsche Wirklichkeitsverständnis wird zur notwendigen, Realität erst angemessen bestimmenden Prämisse: sozial umfassender Ausbruch von Allwissenheit liegt außerhalb der Koordinaten kritischen Denkens. Das falsche Verständnis gehört zu den Konstitutiva von Wirklichkeit und begründet die Notwendigkeit von Kunst. Die Annahme einer ›falschen‹ Wirklichkeit – die ›verkehrte Welt‹ – bildet die Seinsvoraussetzung aller Satire.

Dieses Spannungsfeld zwischen individuellem Erkenntnisziel und der Unmöglichkeit seiner sozialen Einlösung begründet die Notwendigkeit von Kunst in der Moderne zusammen mit der Notwendigkeit ihres tragischen Scheiterns. Weil Wirklichkeit nicht eindeutig sein kann, bedarf sie (satirischer) Interpretation.

154 Wind, 1988, Kat. 168

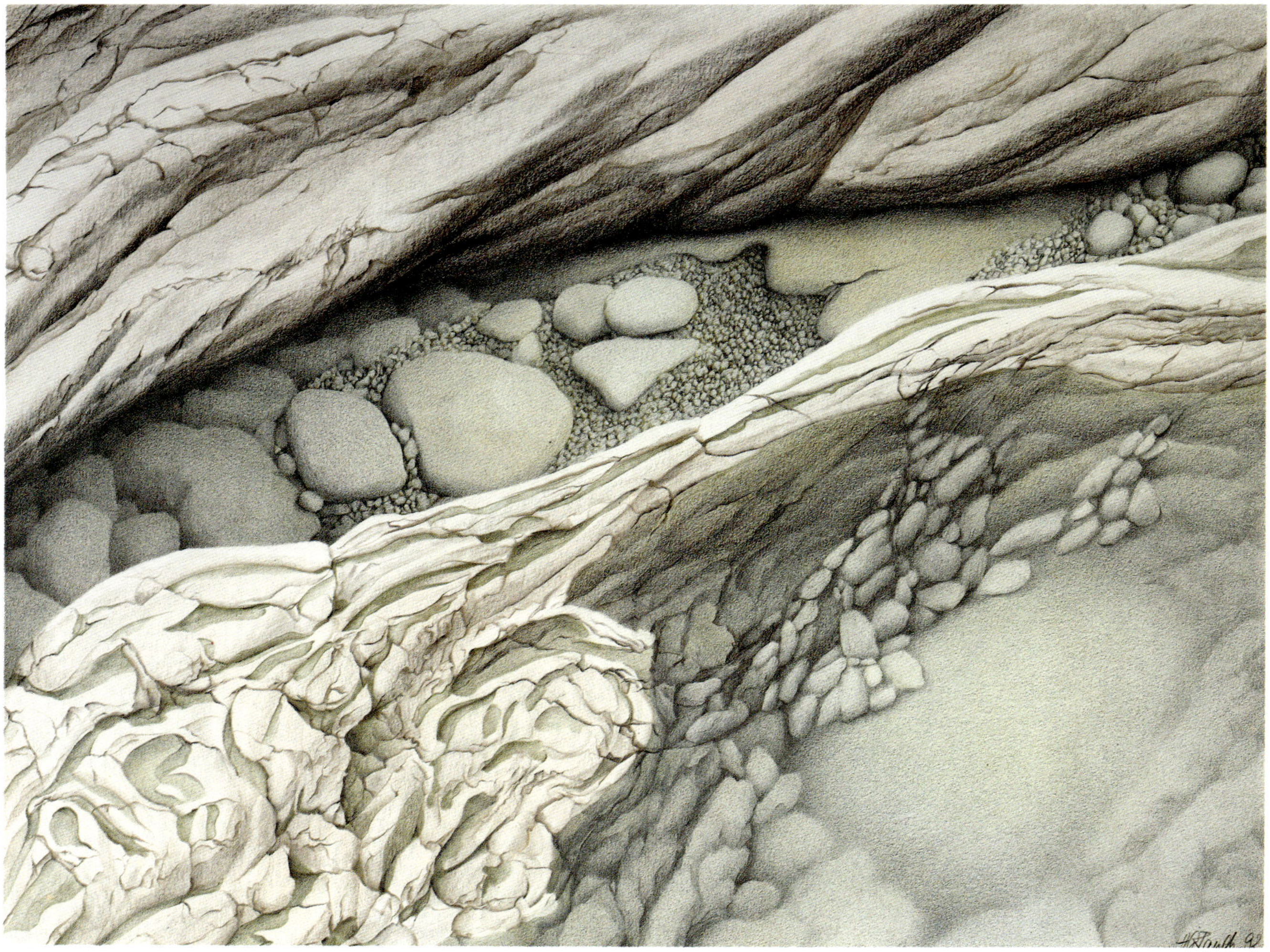

155 Wasser zwischen den Steinen I – Water Between Stones I, 1992, Kat. 210

156 Entwicklung – Evolution, 1992, Kat. 204

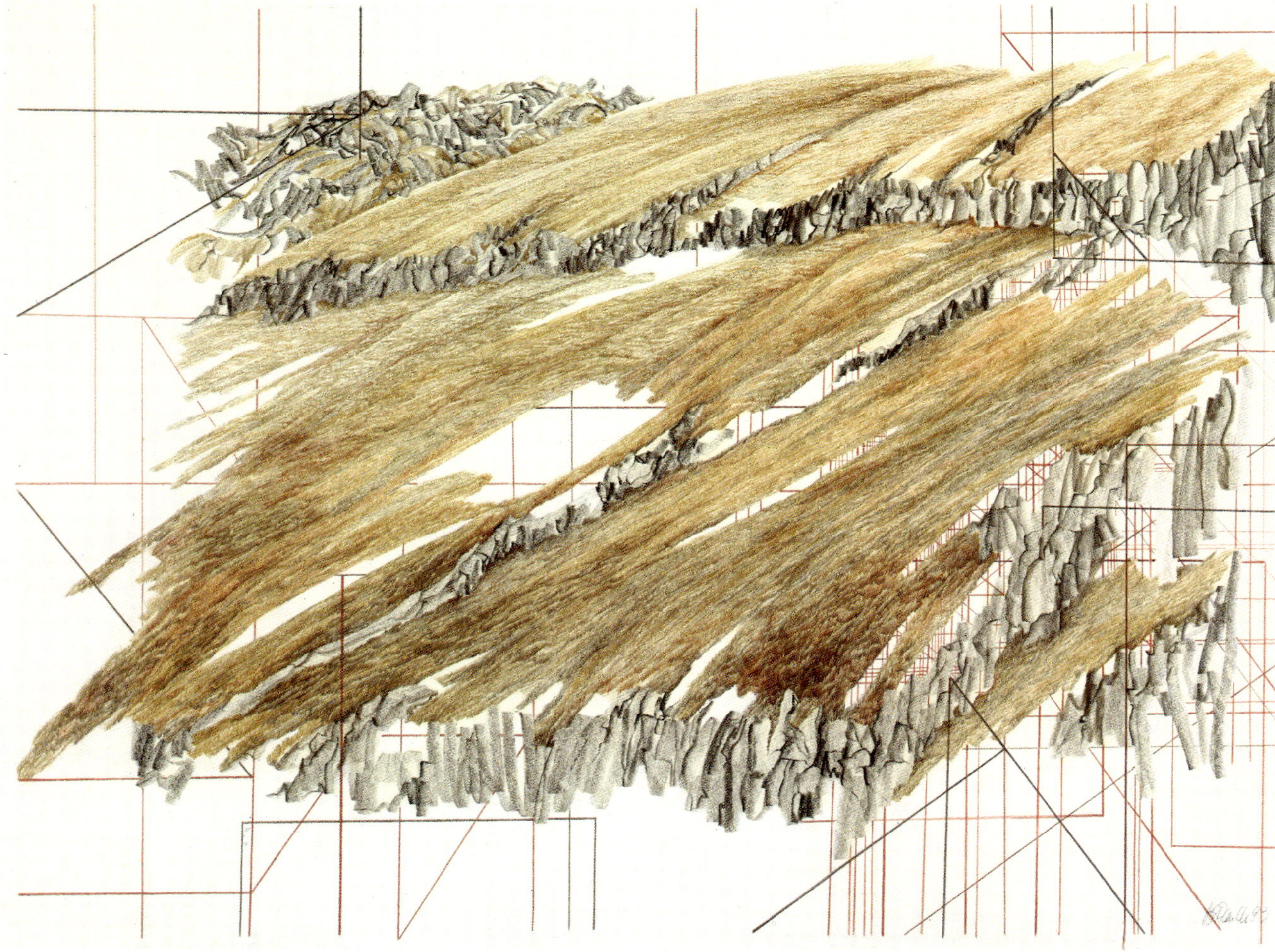

157 Ratio – Reason, 1993, Kat. 219

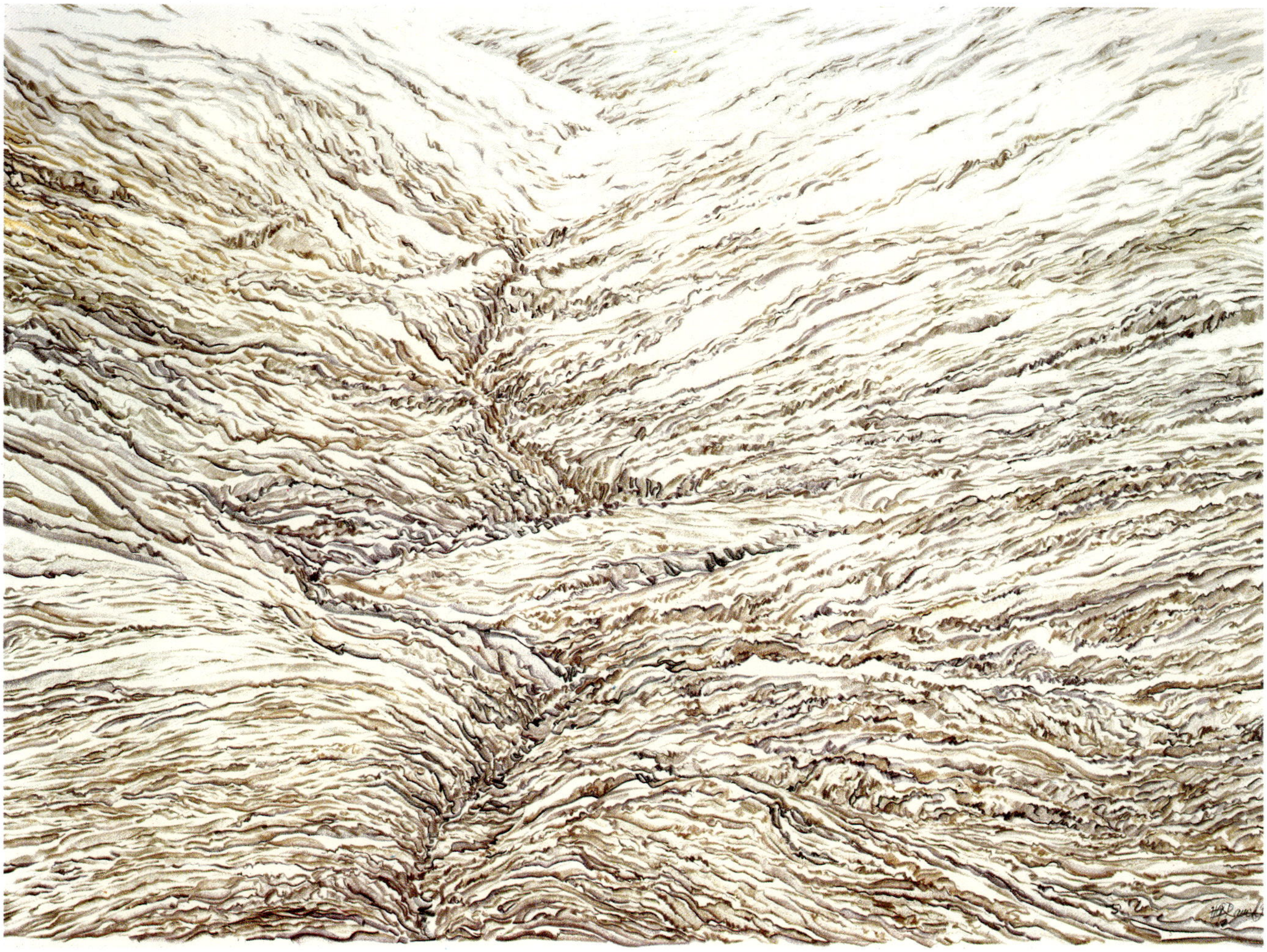

158 Schnee auf Acker – Snow-covered Field, 1992, Kat. 209

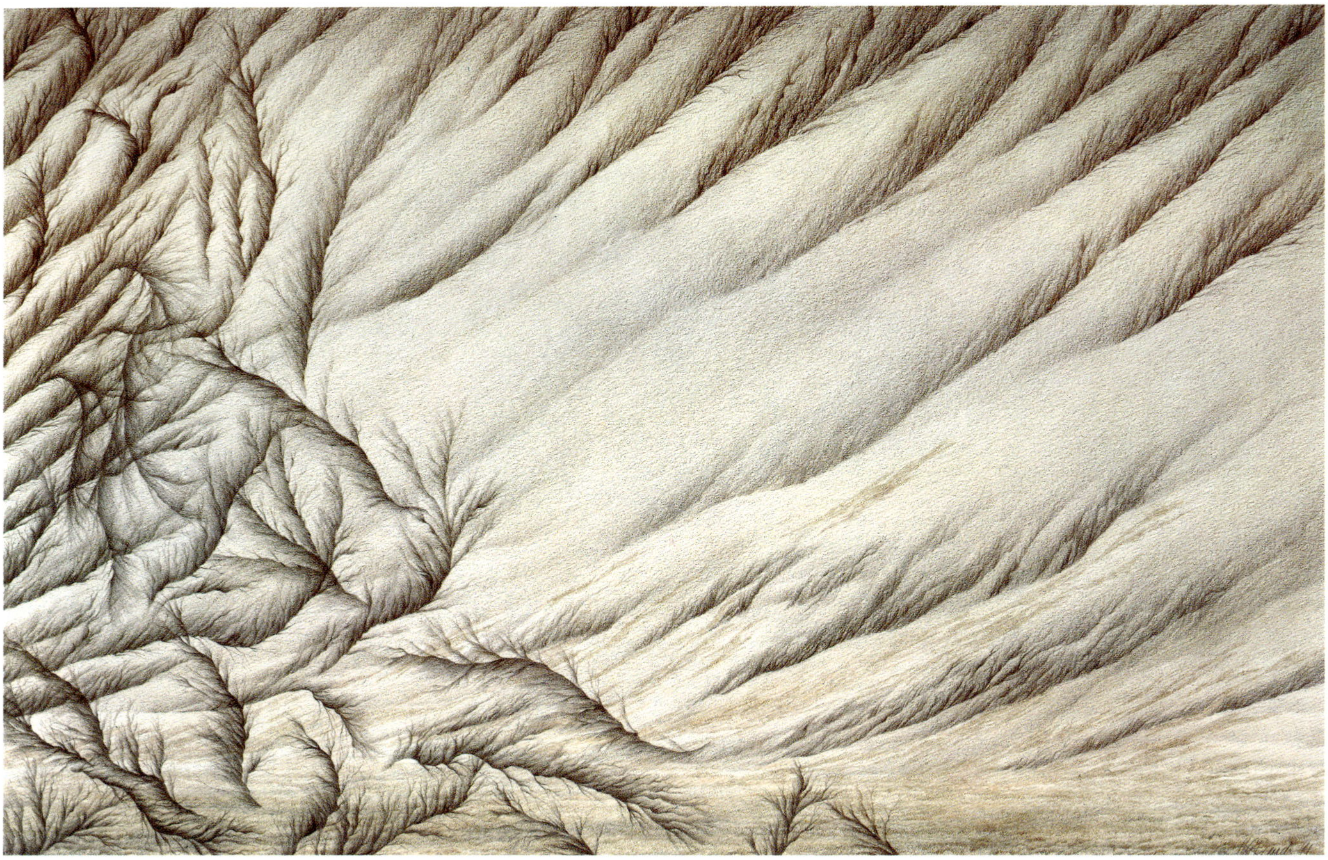

159 Tibet II, 1991, Kat. 190

160 Grasberge in Auflösung – Grassy Mountains Dissolving, 1990, Kat. 183

161 Linien auf dem See – Lines on the Lake, 1990, Kat. 180

162 Rocky Mountains, 1990, Kat. 179

163 Das Ende vom Ende – The End of the End, 1991, Kat. 189

164 Tibet I, 1991, Kat. 188

165 Himmelszeichen I – Signs in the Sky I, 1988, Kat. 166

166 Lanzarote, 1992, Kat. 212

167 Unabhängigkeit I – Independence I, 1991, Kat. 195

168 Unabhängigkeit I (Detail), Kat. 195

169 Unabhängigkeit II – Independence II, 1990, Kat. 182

170 Vorhang – Curtain, 1989, Kat. 174

171 Flatternde Landwirtschaft – Fluttering Agriculture, 1991, Kat. 197

172 Bodenreform IV – Land Reform IV, 1993, Kat. 251

173 Ebbe II – Low Tide II, 1991, Kat. 202

174 Paradies – Paradise, 1993, Kat. 220

175 Lanzarote, turning up side down II, 1991, Kat. 191

176 Endloser Weg – Endless Way, 1991, Kat. 193

177 Bodenreform III – Land Reform III, 1993, Kat. 250

178 Verplante Landschaft – Misplanned Landscape, 1978, Kat. 291

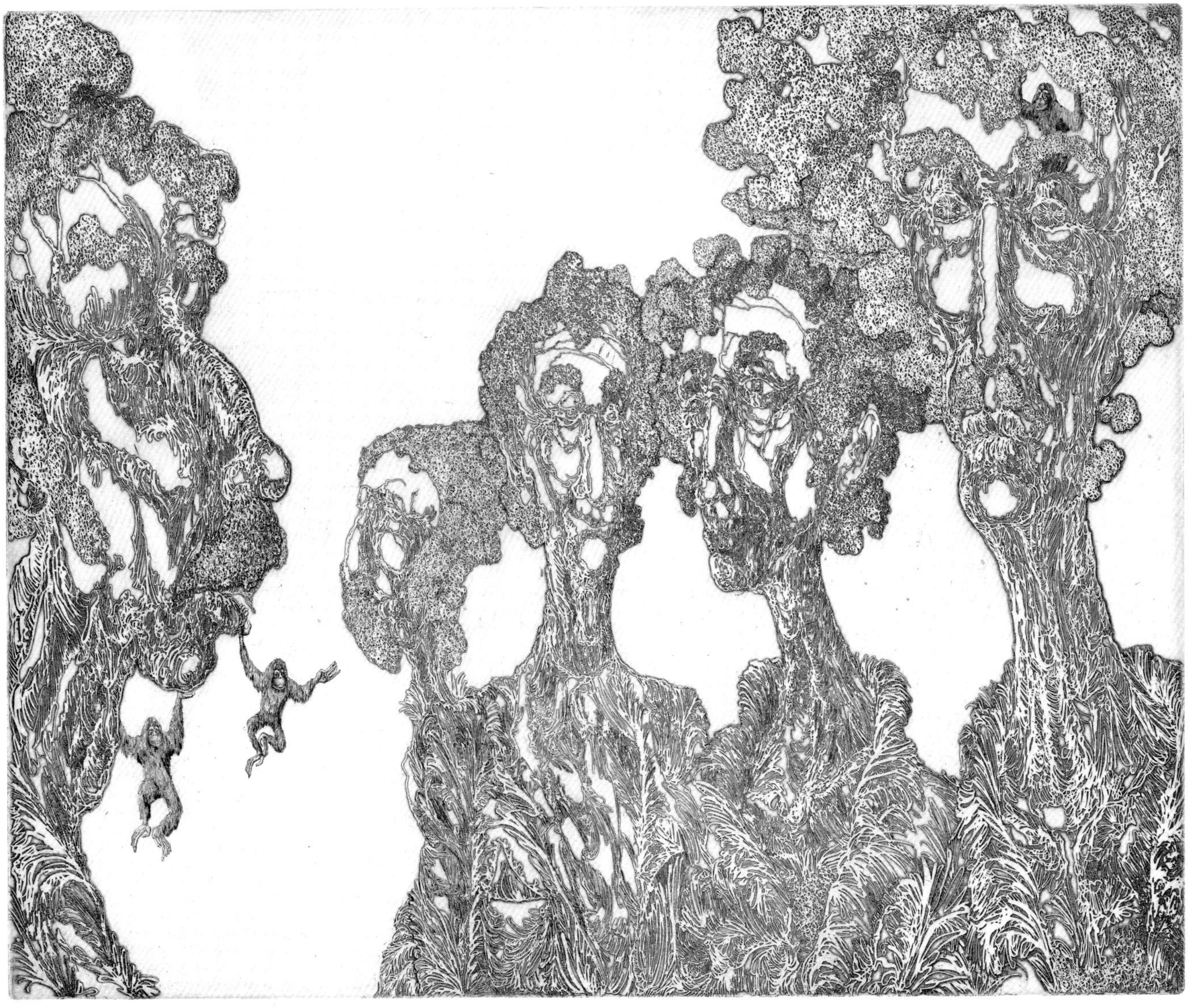

179 Homo sapiens, 1977, Kat. 290

180 Libellenbaum – Dragonfly Tree, 1974, Kat. 255

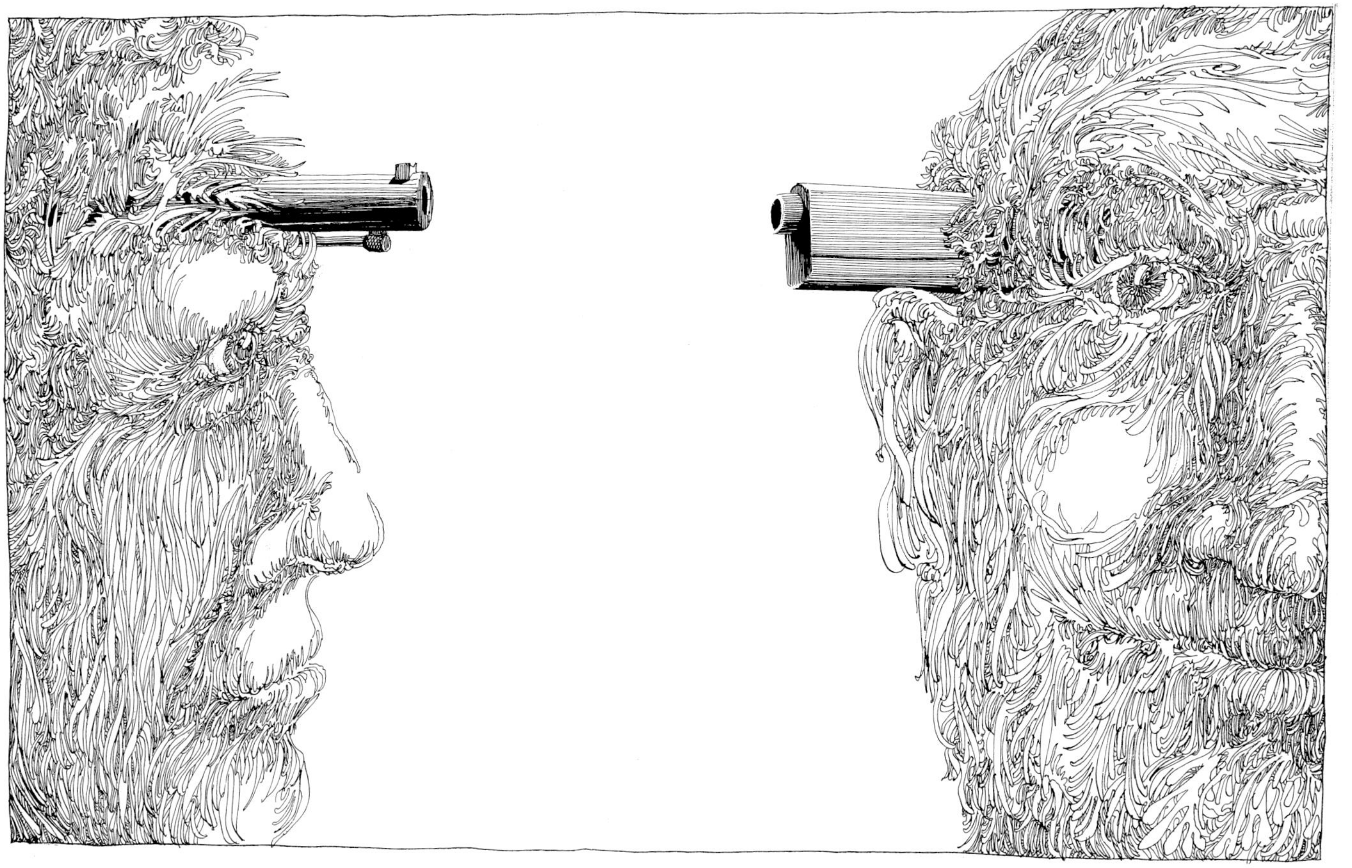

181 Aggression, 1988, Kat. 119

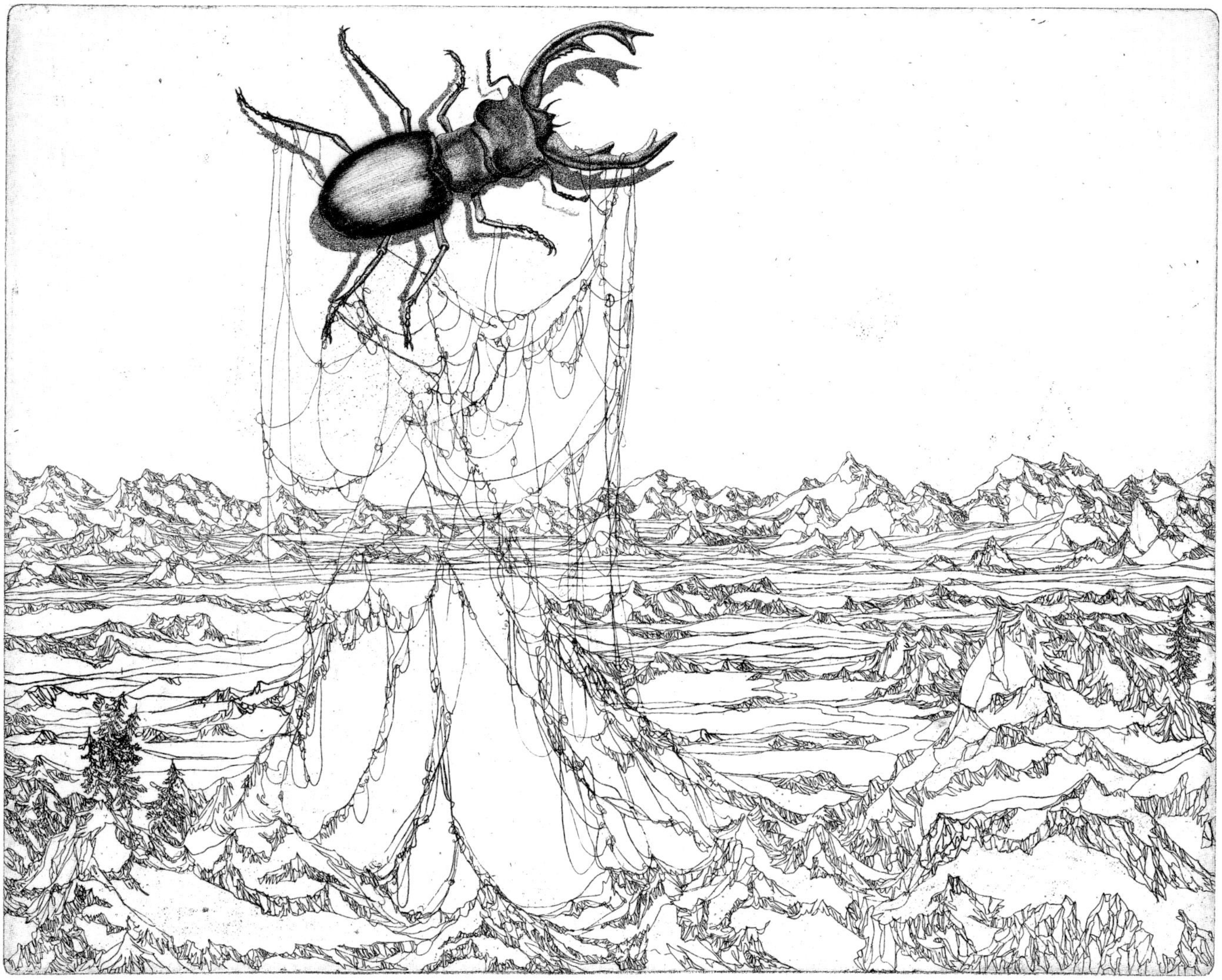

182 Hirschkäfer – Stag-Beetle, 1974, Kat. 256

183 Rock'n roll forever, 1977, Kat. 289

184 Der Mai ist gekommen – Spring, 1979, Kat. 300

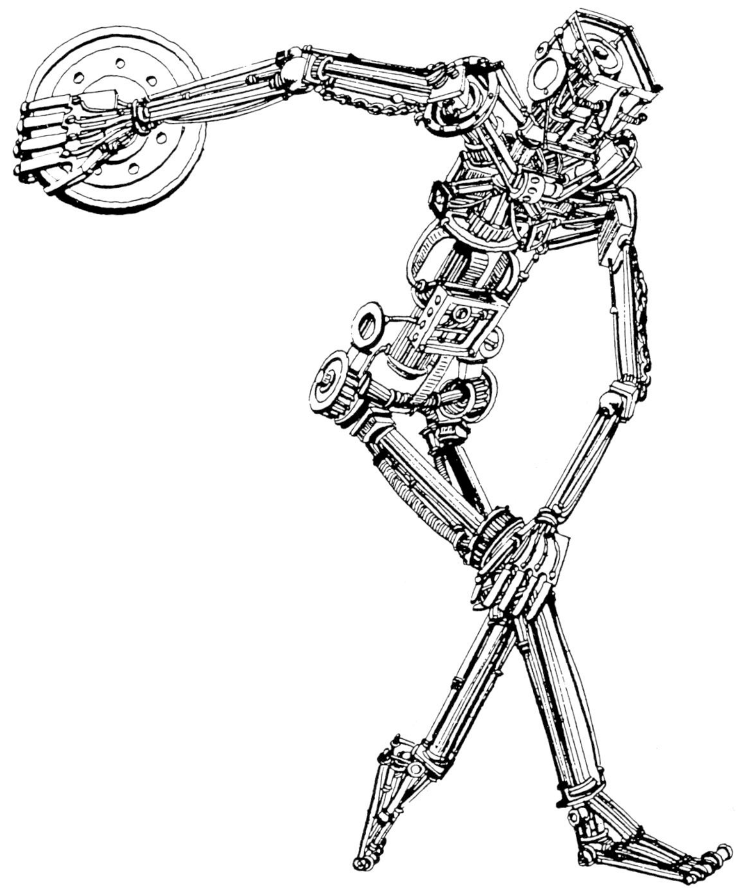

H. G. Rauch, o. T. [Roboter-Diskobol], veröffentl. 1974

Kathinka Dittrich van Weringh

Hans-Georg Rauch

Es war bei einer Werbeveranstaltung in einer New Yorker Kunstagentur im Oktober 1975. Plötzlich schien der Raum unter Spannung zu stehen. Die elektrisierende Kraft ging von einem Mann aus, dem ich damals zum ersten Mal begegnete: dem satirischen Zeichner Hans-Georg Rauch. In Sekundenschnelle erfaßte er die »party-do-business-Situation«, stellte ein paar bohrende Fragen. Es war unwichtig, daß er nicht besonders gut Englisch sprach. Wir führten ein kurzes, intensives Gespräch. Das war der Beginn einer jahrelangen Zusammenarbeit und tiefen Freundschaft. Bei ihm war Uschi – »meine Göttin«, wie er seine Frau nannte –, ein ruhender Pol neben diesem jederzeit zum Ausbruch bereiten Vulkan und eine Freundin für immer für meinen Mann wie für mich.

In den siebziger und achtziger Jahren wurde Hans-Georg Rauch weltbekannt. Seine Arbeiten wurden in Frankreich, den USA, der Schweiz, den Niederlanden, in Hongkong und anderswo gezeigt. Viele Publikationen von ihm und über ihn erschienen auf Deutsch und in anderen Sprachen. Die breite deutsche Öffentlichkeit kannte ihn vor allem durch die ›Zeitzeichen‹, seine wöchentlich in ›DIE ZEIT‹ erscheinenden satirischen Zeichnungen. Er hätte sich schon früh seelisch zur Ruhe setzen können, denn Anerkennung und Auskommen hatte er. Aber genau das wollte, besser gesagt, konnte er nicht. Er war schlicht anders gebaut. Das ahnte ich schon bei unserem New Yorker Treffen, und es bestätigte sich immer wieder bei unseren nächtelangen Gesprächen vor dem Rauchschen Kamin in Worpswede oder in unseren wechselnden Wohnungen. Auch mein Mann, Sammler politischer Karikaturen und Experte satirischer Zeichnungen, empfand das so, wenn er wieder einmal einige Wochen bei Rauchs verbrachte, um dort in Ruhe ein Buch zu konzipieren. Tagsüber wurde streng gearbeitet, jeder an seinem Platz, gelegentlich unterbrochen durch ein Wettschwimmen, durch Holzhacken oder durch Karate: Hanjörgs Kraft mußte sich auch physisch entladen. Abends, beim Rotwein, entspannen sich die kritischen, alles hinterfragenden Gespräche. Hans-Georg Rauch war ein ungeduldig Suchender. Er mußte sich engagieren. Und was er tat, das tat er ganz. Kritisch befaßte er sich mit unserer Gesellschaft, mit der Art und Weise, wie Menschen miteinander umgehen, mit unseren meist selbstgemachten Problemen wie etwa Ausländerfeindlichkeit oder Umweltbeschädigung, kurz: mit unserer Macht und Ohnmacht. Für ihn, diesen Totalmenschen, waren seine zeichnerischen Kritiken keine Kopfgeburten. So wie er zeichnete, lebte er auch. So beteiligte er sich an den Sitzstreiks in Mutlangen oder beschäftigte sich jahrelang mit Studien über das menschliche Gehirn und erwartete von seinen Freunden, daß sie dieselben Bücher lasen. Bis zu seinem unerwarteten Tod, Weihnachten 1993, tat er mit patriarchalischer Liebe alles, um der kurdischen Minderheit in und um Worpswede das Eingewöhnen zu erleichtern. Und ›die Göttin‹ war immer dabei – hilfreich und ausgleichend.

Hanjörg war zur Gleichgültigkeit einfach unfähig. Er mußte über die Tagesprobleme hinaus unsere Existenz hinterfragen – ein Getriebener, wenn man will, Besessener, der mit ungeheurer Intensität lebte und arbeitete. Daß er dabei weder sich noch andere schonte, wird niemanden überraschen. Zu sich selbst war er genauso kompromißlos ehrlich wie zu anderen. An falschen Freunden lag ihm nichts. Für echte Freunde dagegen hatte er großes Verständnis, ja Hinwendung und Zärtlichkeit. Als der kleine koreanische Kay in die Familie adoptiert wurde, hatten wir Sorge, daß der Übervater ihm keinen Raum lassen würde, daß auch Uschi, die Seele des Hauses, nicht die Balance würde herstellen können. Wir irrten uns. Gegen jede frühere Überzeugung wurde ein Fernseher angeschafft, weil Vater und Sohn Fußballspiele sehen wollten. Natürlich trainierten sie auch selbst in dem großen Garten vor ihrem ehemaligen Bauernhof, gingen zusammen spazieren, wurden echte Kumpel. Hanjörg hatte Zeit für ihn, obwohl er doch eigentlich keine Zeit hatte. Er achtete die heranwachsende Persönlichkeit, so wie er seine echten Freunde liebte und respektierte trotz seiner alles sprengenden Vitalität.

Schwierig wurden er wie auch Uschi bei oberflächlicherem Partygesäusel. Sein Drang, die oft allzu glatte gesellschaftliche Oberfläche anzubohren, um an den Kern der Dinge zu kommen, ging Hand in Hand mit seiner Suche nach neuen künstlerischen Ausdrucksformen. Zum Illustrator von Vorgedachtem hat er sich nie geeignet. Er war eben kein Karikaturist sondern ein satirischer Zeichner, der die Welt wie die Kunst hinterfragte, weil er immer dichtere Aussagen suchte. Er wollte unsere Gesellschaft mit zeichnerischen Mitteln analysieren und kritisch beleuchten und gleichzeitig die angewandten zeichnerischen Mittel in Frage stellen und perfektionieren. Stillstand gab es für ihn nicht. So machte er sich an Federzeichnungen, Radierungen, an Experimente mit der Farbe, an Collagen, an Buntstiftzeichnungen mit immer gleicher Intensität. Noch gut erinnere ich mich an einen dramatischen Moment im Haus von Hanjörg und Uschi. Hanjörg experimentierte mit Radierungen. Er wollte eine ganz bestimmte Oberflächenstruktur erreichen. Und wenn er das wollte, dann war das so. Die Platte war graviert. Wie würde sie aus der Ätzung kommen? Es war wie die Ruhe vor dem Sturm. Ergebnis: Die Platte war mißglückt. Hanjörg wurde blaß, seine Augen schienen schwarz zu werden. Uschi und ich machten uns so klein, wie es nur ging. Mit bloßen Händen zerquetschte er die Kupferplatte, was schon rein physisch nicht ganz einfach war, und fing sofort an, eine neue Platte zu gestalten. Nochmal sechs Wochen Arbeit. Ähnlich konzentriert arbeitete er an der Vervollkommnung des Zeichnens bis zur Auflösung der Linien in weiße Flecken, wie bei seinen Arbeiten zu ›Aufstand der Landschaft‹, Arbeiten, in denen eines der angesprochenen Themen, das ökologische, und die zeichnerische Umsetzung völlig zur Deckung kommen.

Hans-Georg Rauch konnte sich nicht vorstellen, daß seine überschäumende Kraft, seine beinahe wütende Sensibilität, seine beschützende Zärtlichkeit und seine sich immer wieder erneuernde künstlerische Kreativität durch Müdigkeit und Alter ermatten könnten. An Leib und Seele abzustumpfen, war für ihn undenkbar. Deshalb ist es gut so, wie es ist.

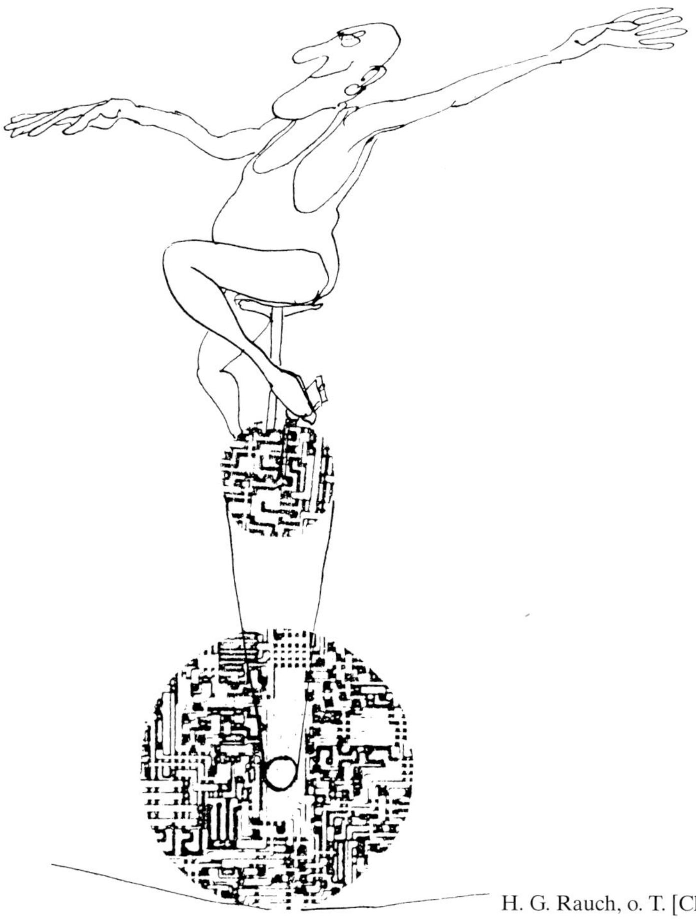

H. G. Rauch, o. T. [Chipseiltänzer], 1985

Werkverzeichnis

Alle Werke, wenn nicht anders vermerkt, Slg. Ursula Rauch, Worpswede. – Maßangaben: Höhe vor Breite.

I Federzeichnung

1 Explosion, 1965
Federzeichnung – Pen and ink.
386 × 493 mm
Abb. 2

2 Deutsche Ordnung – German Order. Auch: Formierte Gesellschaft, 1966
Federzeichnung – Pen and ink.
325 × 194 mm
Abb. 36

3 Gesellschaftstheater – The Theatre of Society, 1967
Federzeichnung – Pen and ink.
307 × 370 mm
Abb. 119, 120

4 Himmelsboten – Heavenly Host, 1967
Federzeichnung – Pen and ink.
494 × 314 mm
Abb. 80

5 Generationsproblem – Generation Problem, 1969
Bleistift – Pencil.
320 × 242 mm
Abb. 79

6 Autoblech – Bodywork, 1969
Federzeichnung – Pen and ink.
322 × 180 mm
Abb. 111

7 Der Gärtner – The Gardener, 1969
Federzeichnung – Pen and ink.
320 × 160 mm
Abb. 32

8 Kreislauf der Materie – Cycle of Matter, 1969
Federzeichnung – Pen and ink.
342 × 510 mm

9 Landschaft aus Köpfen – Scenery of Heads, 1969
Federzeichnung – Pen and ink.
340 × 470 mm

10 Chaos als Ordnung – Chaos as Order, 1970
Federzeichnung – Pen and ink.
305 × 243 mm
Abb. 66

11 Jugend – Youth, 1970
Federzeichnung – Pen and ink.
355 × 405 mm
Abb. 27

12 Rassenproblem – Racial Problem, 1970
Federzeichnung – Pen and ink.
355 × 405 mm
Abb. 35

13 Kirchenreform – Church Reform, 1971
Federzeichnung – Pen and ink.
335 × 252 mm

14 Mao, 1971
Federzeichnung – Pen and ink.
235 × 180 mm
Abb. 41

15 Kleinstadt/Gläserne Stadt – Small Town/Town of Glass, 1972
Federzeichnung – Pen and ink.
293 × 380 mm
Abb. 86

16 Fleißarbeit – Diligence, 1973
Federzeichnung – Pen and ink.
292 × 430 mm
Abb. 26

17 Polizeistaat – Police State, 1973
Federzeichnung – Pen and ink.
288 × 200 mm
Abb. 28

18 Relativ einfaches Leben – Relatively Simple Life, 1973
Federzeichnung – Pen and ink.
295 × 200 mm

19 Tödliche Struktur – Deadly Structure, 1973
Federzeichnung – Pen and ink.
305 × 230 mm
Abb. 39, 40

20 Disziplin – Discipline, 1974
Federzeichnung – Pen and ink.
277 × 372 mm

21 Neue Ordnung – New Order, 1974
Federzeichnung – Pen and ink.
360 × 350 mm

22 Roboter wie du und ich – Robots Like You and Me, 1974
Federzeichnung – Pen and ink.
322 × 215 mm
Abb. 4

23 Trauma vom anderen Geschlecht – Trauma of the Opposite Sex, 1974
Federzeichnung – Pen and ink.
260 × 242 mm
Abb. 29, 30

24 Schrott in der Schwebe – Scrap in Suspense, 1975
Federzeichnung – Pen and ink.
550 × 810 mm
Abb. 108

25 Witwenschleier – Widow's Veil, 1975
Federzeichnung – Pen and ink.
280 × 250 mm
Abb. 31

26 Wunde – Wound, 1975
Federzeichnung – Pen and ink.
267 × 460 mm
Abb. 151

27 America, 1976
Federzeichnung – Pen and ink.
215 × 290 mm

28 Bevölkerungsexplosion – Population Explosion, 1976
Federzeichnung – Pen and ink.
312 × 475 mm
Abb. 33

29 Flüchtlinge – Refugees, 1976
Federzeichnung – Pen and ink.
210 × 290 mm

30 Menschenmaterial – Manpower, 1976
Federzeichnung – Pen and ink.
213 × 613 mm
Abb. 107a

31 Nachbarn – Neighbours, 1976
Federzeichnung – Pen and ink.
212 × 404 mm

32 **Papierwall – Paperwall,** 1976
Federzeichnung – Pen and ink.
230 × 610 mm
Abb. 107b

33 **Friß oder Stirb – Eat or Die. »Zeitzeichen«,** 1980
Federzeichnung – Pen and ink.
197 × 290 mm
Abb. 13

34 **6000 Vergeßtnichtmein – 6000 Forget-Me-Nots. »Zeitzeichen«,** 09. 07. 1982
Federzeichnung – Pen and ink.
134 × 210 mm
Abb. 123

35 **Alptraum von der Wirklichkeit – Nightmare of Reality,** 1982
Federzeichnung – Pen and ink.
530 × 780 mm
Abb. 69, 70

36 **Der Mensch im Schatten – Man in the Shadow. »Zeitzeichen«,** 1982
Federzeichnung – Pen and ink.
258 × 184 mm
Abb. 9

37 **Fortschritt – Progress. »Zeitzeichen«,** 03. 09. 1982
Federzeichnung – Pen and ink.
105 × 300 mm

38 **Gefiederte Schatten – Feathered Shadows,** 1982
Federzeichnung – Pen and ink.
515 × 765 mm
Abb. 83

39 **Lehrstellenangebot – Vacancies for Trainees. »Zeitzeichen«** 14. 05. 1982
Federzeichnung – Pen and ink.
260 × 170 mm
Abb. 20

40 **Neue deutsche Welle – New German Wave, »Zeitzeichen«,** 06. 08. 1982
Federzeichnung – Pen and ink.
100 × 170 mm

41 **o. T. [Innenraum/Außenraum] – Untitled [Interior/Exterior],** 1982
Federzeichnung – Pen and ink.
420 × 688 mm
Abb. 84

42 **Zur Buchmesse – For the Book Fair. »Zeitzeichen«,** 1982
Federzeichnung – Pen and ink.
220 × 175 mm

43 **Recycling,** 1984
Federzeichnung – Pen and ink.
570 × 810 mm
Abb. 23

44 **Schrott – Scrap Metal,** 1984
Federzeichnung – Pen and ink.
550 × 800 mm
Abb. 24

45 **Sozialgefälle – Social Fall. »Zeitzeichen«,** 02. 11. 1984
Federzeichnung – Pen and ink.
168 × 278 mm
Abb. 22

46 **Talkshow »Zeitzeichen«,** 04.05. 1984
Federzeichnung – Pen and ink.
154 × 270 mm
Abb. 15

47 **Wir sind wieder wer – We are Somebody Again. »Zeitzeichen«,** 24. 02. 1984
Federzeichnung – Pen and ink.
140 × 335 mm

48 **Ex und hopp – Here Today, Gone Tomorrow,** 1985
Federzeichnung – Pen and ink.
294 × 434 mm

49 **Neue Zeiten – Different Times,** 1985
Federzeichnung – Pen and ink.
220 × 364 mm

50 **Die Invasion des Sieges – The Invasion of Victory,** 1985
Federzeichnung – Pen and ink.
246 × 377 mm
Abb. 81

51 **Geist von gestern – Spirit of Yesterday,** 1985
Federzeichnung – Pen and ink.
325 × 480 mm
Abb. 82

52 **Silberpapier – Silver Foil,** 1985
Federzeichnung – Pen and ink.
292 × 450 mm
Abb. 71

53 **Das Schloß – The Castle**, 1985
Federzeichnung – Pen and ink.
230 × 357 mm; Abb. 118

54 **Kleckse – Blotches,** 1985
Federzeichnung – Pen and ink.
245 × 353 mm

55 **Die gute alte Zeit – The Good Old Days,** 1985
Federzeichnung – Pen and ink.
272 × 475 mm
Abb. 73

56 **Europa – Quo vadis – Europe – Quo vadis. Auch: ›Raumschiff Europa‹, »Zeitzeichen«,** 04. 01. 1985
Federzeichnung – Pen and ink.
360 × 540 mm
Abb. 128

57 **Ausbruch – Eruption**, 1985
Federzeichnung – Pen and ink.
370 × 540 mm

58 **Ausflug – Excursion**, 1985
Federzeichnung – Pen and ink.
290 × 388 mm

59 **Studie: Synthese – Study: Synthesis,** 1985
Federzeichnung – Pen and ink.
250 × 420 mm
Abb. 67

60 **Studie: Synthese – Study: Synthesis,** 1985
Federzeichnung – Pen and ink.
240 × 370 mm
Abb. 67

61 **Studie: Synthese – Study: Synthesis,** 1985
Federzeichnung – Pen and ink.
235 × 390 mm
Abb. 67

62 **Synthese – Synthesis**, 1985
Federzeichnung – Pen and ink.
304 × 426 mm
Abb. 68

63 **Baumgesichter – Tree Faces,** 1985
Federzeichnung – Pen and ink.
320 × 480 mm

64 **Oskar Amadeus. »Zeitzeichen«,** 05. 04. 1985
Federzeichnung – Pen and ink.
200 × 150 mm
Abb. 122

65 **Popcorn. »Zeitzeichen«** 19. 07. 1985

Federzeichnung – Pen and ink.
190 × 258 mm
Abb. 124

66 **Neues Zeitalter – New Age, »Zeitzeichen«,** 17. 05. 1985
Federzeichnung – Pen and ink.
214 × 200 mm

67 **Das tägliche Brot – Our Daily Bread. »Zeitzeichen«,** 03.03., 1985
Federzeichnung – Pen and ink.
135 × 232 mm
Abb. 5

68 **Unterhaltungsindustrie – Culture Industry, »Zeitzeichen«,** 13. 09. 1985
Federzeichnung – Pen and ink.
182 × 318 mm
Wilhelm-Busch-Museum Hannover, KG 4304/91
Abb. 16

69 **Amt für Stadtplanung – Department of Town Planning,** 1986
Federzeichnung – Pen and ink.
280 × 370 mm

70 **Anklage – Preferral of Charges,** 1986
Federzeichnung – Pen and ink.
312 × 390 mm
Abb. 85

71 **Barocker Geist – Baroque Spirit,** 1986
Federzeichnung – Pen and ink.
290 × 220 mm
Abb. 76

72 **Beliebige Welt – Anything Goes,** 1986
Federzeichnung – Pen and ink.
295 × 340 mm

73 **Stuck – Stucco**, 1986
Federzeichnung – Pen and ink.
220 × 325 mm

74 **Bild der Zerstörung – Scene of Destruction**, 1986
Federzeichnung – Pen and ink.
244 × 240 mm
Abb. 109

75 **Die Idee des Stadtplaners – The Idee of the Townplanner**, 1986
Federzeichnung – Pen and ink.
324 × 480 mm

76 **Die Übersetzungsmaschine – The Translation Machine. »Die Zeit«,** 29. 10. 1986
Federzeichnung – Pen and ink.
90 × 370 mm
Abb. 12

77 **Ein Traum – A Dream, »Zeitzeichen«** 17. 01. 1986
Federzeichnung – Pen and ink.
160 × 255 mm

78 **Ersatzteillager – Stockpile of Replacement Parts,** 1986
Federzeichnung – Pen and ink.
340 × 540 mm

79 **Heile Welt – An Ideal World,** 1986
Federzeichnung – Pen and ink.
245 × 350 mm
Abb. 72

80 **Verkehrt – Topsy-Turvy,** 1986
Federzeichnung – Pen and ink.
334 × 490 mm
Abb. 127

81 **Nach dem Regen – After the Rain,** 1986
Federzeichnung – Pen and ink.
350 × 470 mm
Abb. 77

82 **Treibhaus – Hothouse**, 1986
Federzeichnung – Pen and ink.
226 × 380 mm

83 **Prolog – Prologue, Physiognomia arborum,** 1987
Federzeichnung – Pen and ink.
300 × 410 mm
Abb. 130

84 **Urschlammgewächse – Primeval Mud Plants, Physiognomia arborum, Bl. 1,** 1986
Federzeichnung – Pen and ink.
285 × 410 mm

85 **Buchenland – Land of Beech Trees, Physiognomia arborum, Bl. 2,** 1987
Federzeichnung – Pen and ink.
290 × 410 mm

86 **Geschößlinge – Shoots, Physiognomia arborum, Bl. 3,** 1987
Federzeichnung – Pen and ink.
280 × 410 mm
Abb. 150

87 **Tanz der Hexen – Witches' Sabbath, Physiognomia arborum, Bl. 4,** 1987
Federzeichnung – Pen and ink.
280 × 405 mm

88 **Wunde – Wound, Physiognomia arborum, Bl. 5,** 1987
Federzeichnung – Pen and ink.
280 × 410 mm
Abb. 131

89 **Weltreise des Schmetterlings – Butterfly's World Tour, Physiognomia arborum, Bl. 6**, 1987
Federzeichnung – Pen and ink.
272 × 405 mm
Abb. 132

90 **Ikarus – Icarus, Physiognomia arborum, Bl. 7**, 1987
Federzeichnung – Pen and ink.
280 × 405 mm
Abb. 129

91 **Tanz um den goldenen Klotz – Worship of the Golden Block, Physiognomia arborum, Bl. 8,** 1987
Federzeichnung – Pen and ink.
365 × 395 mm

92 **Überlagerung – Overlapping, Physiognomia arborum, Bl. 9,** 1987
Federzeichnung – Pen and ink.
260 × 425 mm
Abb. 135

93 **Arkadische Erzählungen – Arcadian Tales, Physiognomia arborum, Bl. 10,** 1986
Federzeichnung – Pen and ink.
280 × 410 mm
Abb. 133, 134

94 **Dekonstruktion – Deconstruction, Physiognomia arborum, Bl. 11,** 1987
Federzeichnung – Pen and ink.
280 × 405 mm
Abb. 142

95 **Sintflut – Flood, Physiognomia arborum, Bl. 12,** 1987
Federzeichnung – Pen and ink.
280 × 405 mm

96 **Hochseh-Segler – High See Sailing Boat, Physiognomia arborum, Bl. 13,** 1987
Federzeichnung – Pen and ink.
290 × 410 mm

97 **Rindenränder – Bark Boundaries, Physiognomia arborum, Bl. 14**, 1987

Federzeichnung – Pen and ink.
276 × 410 mm
Abb. 136

98 **Engel – Angel,**
Physiognomia arborum, Bl. 15, 1987
Federzeichnung – Pen and ink.
265 × 340 mm

99 **Vexier-Inseln – Puzzle Islands,**
Physiognomia arborum, Bl. 16, 1987
Federzeichnung – Pen and ink.
240 × 390 mm

100 **Stilleben – Still Life,**
Physiognomia arborum, Bl. 17, 1987
Federzeichnung – Pen and ink.
285 × 405 mm

101 **Zwei Gebärden – Two Gestures,**
Physiognomia arborum, Bl. 18, 1987
Federzeichnung – Pen and ink.
280 × 410 mm

102 **Urmythos – Primeval Myth,**
Physiognomia arborum, Bl. 19, 1987
Federzeichnung – Pen and ink.
285 × 410 mm

103 **Held – Hero,**
Physiognomia arborum, Bl. 20, 1987
Federzeichnung – Pen and ink.
285 × 410 mm
Abb. 138

104 **Im Startloch – At the Start,**
Physiognomia arborum, Bl. 21, 1987
Federzeichnung – Pen and ink.
280 × 405 mm
Abb. 137

105 **Stummer Dialog – Silent Dialogue,**
Physiognomia arborum, Bl. 22, 1987
Federzeichnung – Pen and ink.
280 × 410 mm

106 **Schöner Schein – Nice Illusion,**
Physiognomia arborum, Bl. 23, 1987
Federzeichnung – Pen and ink.
260 × 300 mm; Abb. 139

107 **Warten auf Besuch aus New York – Waiting for the Visitors from New York,**
Physiognomia arborum, Bl. 24, 1987
Federzeichnung – Pen and ink.
295 × 415 mm

108 **Langeweile – Boredom,**
Physiognomia arborum, Bl. 25, 1986
Federzeichnung – Pen and ink.
290 × 410 mm
Abb. 141

109 **Prozession – Procession,**
Physiognomia arborum, Bl. 26, 1987
Federzeichnung – Pen and ink.
270 × 290 mm

110 **Vernetzung – Networking,**
Physiognomia arborum, Bl. 27, 1987
Federzeichnung – Pen and ink.
280 × 405 mm

111 **Zelt – Tent,**
Physiognomia arborum, Bl. 28, 1987
Federzeichnung – Pen and ink.
230 × 330 mm
Abb. 148

112 **Turmbau – Building a Tower,**
Physiognomia arborum, Bl. 29, 1987
Federzeichnung – Pen and ink.
290 × 405 mm
Abb. 145

113 **Wanderung – Walk,**
Physiognomia arborum, Bl. 30, 1987
Federzeichnung – Pen and ink.
285 × 405 mm

114 **Urwald – Jungle,**
Physiognomia arborum, Bl. 31, 1987
Federzeichnung – Pen and ink.
290 × 405 mm
Abb. 143, 144

115 **Felsenstadt – Mountain City,**
Physiognomia arborum, Bl. 32, 1987
Federzeichnung – Pen and ink.
290 × 410 mm
Abb. 146

116 **Ka-thee-draa-le – Cathedral,**
Physiognomia arborum, Bl. 33, 1987
Federzeichnung – Pen and ink.
280 × 405 mm
Abb. 147

117 **Abgrund – Abyss,**
Physiognomia arborum, Bl. 34, 1987
Federzeichnung – Pen and ink.
240 × 360 mm
Abb. 152

118 **Alles schwarz – All Blacked Out,**
»Zeitzeichen«, 24. 04. 1987
Federzeichnung – Pen and ink.
Wilhelm-Busch-Museum Hannover, KG 4311/91
200 × 283 mm
Abb. 106

119 **Aggression,**
»Zeitzeichen«, 1988
Federzeichnung – Pen and ink.
175 × 280 mm
Abb. 181

120 **Eintritt frei – Admission Free,**
»Zeitzeichen«, 1988
Federzeichnung – Pen and ink.
140 × 226 mm
Abb. 6

121 **Profis – Professionals,**
»Zeitzeichen«, 16. 09. 1988
Federzeichnung – Pen and ink.
112 × 215 mm
Abb. 19

122 **Köpfchen – Brains,**
»Zeitzeichen«, 17. 03. 1989
Federzeichnung – Pen and ink.
144 × 260 mm
Abb. 11

123 **Tschsch … pff … tschsch … pff,**
»Zeitzeichen«, 14. 04. 1989
Federzeichnung – Pen and ink.
140 × 245 mm
Abb. 10

124 **Kunst für alle – Art for Everybody,**
»Zeitzeichen«, 10. 08. 1990
Federzeichnung – Pen and ink.
165 × 250 mm
Abb. 121

125 **Schule der Nation – National Schooling,**
»Zeitzeichen«, 14. 12. 1990
Federzeichnung – Pen and ink.
230 × 290 mm
Abb. 18

126 **Durcheinander – Mess,**
»Zeitzeichen«, 1991
Federzeichnung – Pen and ink.
135 × 263 mm

127 **Innenleben – Inner Life,**
»Zeitzeichen«, 03. 05., 1991
Federzeichnung – Pen and ink.
232 × 175 mm; Abb. 14

128 **Messeneuheit – Trade Fair First,**
»Zeitzeichen«, 12. 09. 1991
Federzeichnung – Pen and ink.
200 × 260 mm

129 **Neues Leben – New Life,**
»Zeitzeichen«, 15. 03. 1991
Federzeichnung – Pen and ink.
145 × 245 mm

130 **Tanz der Buchstaben – Dance of Letters,** 1992
Federzeichnung – Pen and ink.
700 × 730 mm
Abb. 125

131 **Arabeske – Arabesque,**
»Zeitzeichen«, 04. 09. 1992
Federzeichnung – Pen and ink.
167 × 267 mm
Abb. 34

132 **Tumore – Tumours,**
»Zeitzeichen«, 16. 10. 1992
Federzeichnung – Pen and ink.
145 × 255 mm
Abb. 21

133 **Alltag – Daily Round,**
»Zeitzeichen«, 03. 09. 1993
Federzeichnung – Pen and ink.
238 × 185 mm
Abb. 3

134 **Beim Club of Rome sitzen Sie in der ersten Reihe. – What a Prospect at the Club of Rome!, »Zeitzeichen«,** 1993
Federzeichnung – Pen and ink.
154 × 270 mm
Abb. 25

135 **Bergpredigt – Sermon of the Mount,**
»Zeitzeichen«, 26. 03. 1993
Federzeichnung – Pen and ink.
214 × 166 mm

136 **Der gemeinsame Nenner – The Common Denominator,**
»Zeitzeichen«, 19. 03. 1993
Federzeichnung – Pen and ink.
130 × 224 mm
Abb. 17

137 **Im Reich der Angepaßten – In the Realm of Conformists, »Zeitzeichen«,**
05. 02. 1993
Federzeichnung – Pen and ink.
175 × 215 mm

138 **Medien – Media, »Zeitzeichen«,**
23. 01. 1993
Federzeichnung – Pen and ink.
140 × 250 mm

139 **Mediendschungel – Media Jungle,**
»Zeitzeichen«, 26. 02. 1993
Federzeichnung – Pen and ink.
175 × 240 mm
Abb. 7

140 **»Ohne Angst verschieden sein.« – »To Be Different Without Fear«,**
»Zeitzeichen«, 25. 06. 1993
Federzeichnung – Pen and ink.
135 × 200 mm

141 **Ruinen der Kalligraphie – Ruins of Calligraphy**, 1993
Federzeichnung – Pen and ink.
500 × 740 mm
Abb. 88

142 **Zur Buchmesse 1993 – For the Book Fair 1993,**
»Zeitzeichen«, 08. 10. 1993
Federzeichnung – Pen and ink.
130 × 285 mm

143 **Die Elektronik durchdringt den Maschinenbau – Electronics Pervade Machine Building,** 1986
Federzeichnung – Pen and ink.
250 × 190 mm
Slg. Hannes Gysling, Bern
Fig. 8

144 **Von Arbeit befreit und dennoch gebunden – Rid of Labour and yet Not Free,** 1983
Federzeichnung – Pen and ink.
190 × 190 mm
Slg. Hannes Gysling, Bern
Fig. 8

145 **Die menschenleere Fabrik – The Deserted Factory,** 1983
Federzeichnung – Pen and ink.
Slg. Hannes Gysling, Bern
Fig. 4

II Farbstift

146 **1968**
Auch: Blick in die Zukunft,
verso: The Generation Gap, 1969
Farbstift – Coloured Pencil.
344 × 435 mm
Slg. Bernhard Wißmann, Brühl
Abb. 92

147 **Ölpest – Oil Pollution,** 1974
Farbstift – Coloured Pencil.
285 × 416 mm

148 **Es sind mal alle wieder da – They're All There Again,** 1975
Farbstift – Coloured Pencil.
310 × 392 mm
Abb. 55

149 **Schlacht am Pfingstsonntag – Battle on the Highway,** 1975
Farbstift – Coloured Pencil.
350 × 504 mm
Abb. 59

150 **Schmetterlinge – Butterflies,** 1975
Farbstift – Coloured Pencil.
338 × 470 mm

151 **Gespenster – Ghosts,** 1976
Farbstift – Coloured Pencil.
330 × 418 mm

152 **Persiflage auf ein Schlachtengemälde – Persiflage of a Battle Scene,** 1976
Farbstift – Coloured Pencil.
320 × 494 mm
Abb. 95, 96

153 **Papst – Pope,** 1978
Farbstift – Coloured Pencil.
290 × 240 mm
Abb. 61, 62

154 **Badestrand – Beach,** 1978
Farbstift – Coloured Pencil.
333 × 530 mm

155 **Nordkurve – Grandstand,** 1978
Farbstift – Coloured Pencil.
354 × 500 mm
Abb. 57, 58

156 **Ein Abend bei der schicken Ria – An Evening at Trendy Ria's,** 1979
Farbstift – Coloured Pencil.
253 × 340 mm

157 **Fans,** 1979
Farbstift – Coloured Pencil.
398 × 516 mm
Abb. 63

158 **Popfestival**, 1979
Farbstift – Coloured Pencil.
348 × 520 mm; Abb. 60

159 **Seht her, ich bin versunken – Look I'm Lost,** 1979

Farbstift – Coloured Pencil.
332 × 514 mm

160 **Vornehmes Haus – Posh Mansion,** 1979
Farbstift – Coloured Pencil.
318 × 396 mm

161 **Kleiderorgie – No Case for Censorship**, 1980
Farbstift – Coloured Pencil.
406 × 540 mm
Abb. 54

162 **Keine Lust mehr – Not in the Mood Anymore**, 1983
Farbstift – Coloured Pencil.
430 × 615 mm
Abb. 98

163 **Eingepackter Berg – Wrapped Mountain, Aufstand der Landschaft, S. 33,** 1986
Farbstift – Coloured Pencil.
490 × 745 mm

164 **Kreta – Crete,** 1987
Farbstift – Coloured Pencil.
395 × 600 mm

165 **Besuch – Visitors**, 1988
Farbstift – Coloured Pencil.
290 × 420 mm
Abb. 51

166 **Himmelszeichen I – Signs in the Sky I, Aufstand der Landschaft, S. 25,** 1988
Farbstift – Coloured Pencil.
530 × 750 mm
Abb. 165

167 **Umgekehrt – The Other Way Round,**
Aufstand der Landschaft, S. 23, 1988
Farbstift – Coloured Pencil.
495 × 720 mm
Abb. 100

168 **Wind,**
Aufstand der Landschaft, S. 21, 1988
Farbstift – Coloured Pencil.
515 × 795 mm
Abb. 154

169 **Schlacht II – Battle II,** 1989
Farbstift – Coloured Pencil.
545 × 816 mm

170 **Durchblick – Vista,**
Aufstand der Landschaft, S. 59, 1989
Farbstift – Coloured Pencil.
570 × 825 mm
Abb. 99

171 **o. T. [Berghang mit Geröllfeld] – Untitled [Scree Slope],**
Aufstand der Landschaft, S. 19, 1989
Farbstift – Coloured Pencil.
495 × 735 mm

172 **Schlacht I – Battle I,** 1989
Farbstift – Coloured Pencil.
434 × 642 mm
Abb. 94

173 **Verbrauchte Einsamkeit – Used up Solitude,**
Aufstand der Landschaft, S. 35, 1989
Farbstift – Coloured Pencil.
535 × 810 mm

174 **Vorhang – Curtain,**
Aufstand der Landschaft, S. 31, 1989
Farbstift – Coloured Pencil.
585 × 835 mm
Abb. 170

175 **o. T. [Striptease] – Untitled,** 1990
Farbstift – Coloured Pencil.
415 × 470 mm
Abb. 50

176 **Small talk**, 1990
Farbstift – Coloured Pencil.
388 × 502 mm
Abb. 49

177 **o. T. [Landschaftsbänder] – Untitled [Strips of Landscape]**, 1990
Farbstift – Coloured Pencil.
600 × 865 mm

178 **o. T. [Schnee, Papier, Berge] – Untitled [Snow, Paper, Mountains],**
Aufstand der Landschaft, S. 27, 1990
Farbstift – Coloured Pencil.
560 × 745 mm

179 **Rocky Mountains,**
Aufstand der Landschaft, S. 37, 1990
Farbstift – Coloured Pencil.
585 × 830 mm
Abb. 162

180 **Linien auf dem See – Lines on the Lake,**
Aufstand der Landschaft, S. 39, 1990
Farbstift – Coloured Pencil.
585 × 855 mm
Abb. 161

181 **Flüchtende Linien – Leaving Lines,**
Aufstand der Landschaft, S. 63, 1990
Farbstift – Coloured Pencil.
580 × 840 mm
Abb. 105

182 **Unabhängigkeit II – Independence II,**
Aufstand der Landschaft, S. 65, 1990
Farbstift – Coloured Pencil.
535 × 705 mm
Abb. 169

183 **Grasberge in Auflösung – Grassy Mountains Dissolving,**
Aufstand der Landschaft, S. 79, 1990
Farbstift – Coloured Pencil.
580 × 795 m
Abb. 160

184 **Verbrannte Erde – Scorched Earth**, 1991
Farbstift – Coloured Pencil.
555 × 850 mm

185 **o. T. [Stadtlandschaft] – Untitled [Cityscape],** 1991
Farbstift – Coloured Pencil.
540 × 775 mm

186 **Kinderzeichnung – Children's Drawing,** 1991
Farbstift – Coloured Pencil.
585 × 870 mm
Abb. 91

187 **Fransen – Fringes,**
Aufstand der Landschaft, S. 41, 1991
Farbstift – Coloured Pencil.
555 × 795 mm

188 **Tibet I,**
Aufstand der Landschaft, S. 43, 1991
Farbstift – Coloured Pencil.
520 × 725 mm
Abb. 164

189 **Das Ende vom Ende – The End of the End,**
Aufstand der Landschaft, S. 45, 1991
Farbstift – Coloured Pencil.
545 × 745 mm
Abb. 163

190 **Tibet II,**
Aufstand der Landschaft, S. 47, 1991
Farbstift – Coloured Pencil.
530 × 825 mm
Abb. 159

191 **Lanzarote, turning up side down II, Aufstand der Landschaft, S. 51,** 1991
Farbstift – Coloured Pencil.
635 × 875 mm
Abb. 175

192 **Lanzarote III, Aufstand der Landschaft, S. 53,** 1991
Farbstift – Coloured Pencil.
615 × 810 mm

193 **Endloser Weg – Endless Way, Aufstand der Landschaft, S. 55,** 1991
Farbstift – Coloured Pencil.
645 × 875 mm
Abb. 176

194 **Landschaft in grünen Linien – Landscape of Green Lines, Aufstand der Landschaft, S. 57,** 1991
Farbstift – Coloured Pencil.
655 × 915 mm

195 **Unabhängigkeit I – Independence I, Aufstand der Landschaft, S. 61,** 1991
Farbstift – Coloured Pencil.
540 × 715 mm
Abb. 167, 168

196 **Entfliehender Geist – Escaping Spirit, Aufstand der Landschaft, S. 69,** 1991
Farbstift – Coloured Pencil.
605 × 810 mm

197 **Flatternde Landwirtschaft – Fluttering Agriculture, Aufstand der Landschaft, S. 85,** 1991
Farbstift – Coloured Pencil.
555 × 755 mm
Abb. 171

198 **Dekomposition der Vergangenheit – Decomposition of the Past, Aufstand der Landschaft, S. 87,** 1991
Farbstift – Coloured Pencil.
595 × 795 mm
Abb. 64

199 **New York, Aufstand der Landschaft, S. 89,** 1991
Farbstift – Coloured Pencil.
580 × 815 mm
Abb. 65

200 **Ebbe III – Low Tide III, Aufstand der Landschaft, S. 91,** 1991
Farbstift – Coloured Pencil.
580 × 815 mm

201 **Ebbe I – Low Tide I, Aufstand der Landschaft, S. 93,** 1991
Farbstift – Coloured Pencil.
530 × 750 mm

202 **Ebbe II – Low Tide II, Aufstand der Landschaft, S. 95,** 1991
Farbstift – Coloured Pencil.
560 × 855 mm
Abb. 173

203 **Unabhängigkeit III – Independence III, Aufstand der Landschaft, S. 67,** 1992
Farbstift – Coloured Pencil.
580 × 785 mm

204 **Entwicklung – Evolution, Aufstand der Landschaft, S. 71,** 1992
Farbstift – Coloured Pencil.
590 × 845 mm
Abb. 156

205 **Am Ende einer Existenz – At the End of an Existence, Aufstand der Landschaft, S. 73,** 1992
Farbstift – Coloured Pencil.
575 × 765 mm

206 **Abfallpromenade – Litter Promenade, Aufstand der Landschaft, S. 75,** 1992
Farbstift – Coloured Pencil.
600 × 895 mm

207 **Abheben – Take off, Aufstand der Landschaft, S. 81.** 1992
Farbstift – Coloured Pencil.
580 × 855 mm

208 **Spiel mit grüner Landschaft – Play on Green Landscape, Aufstand der Landschaft, S. 83,** 1992
Farbstift – Coloured Pencil.
585 × 825 mm

209 **Schnee auf Acker – Snow-covered Field**, 1992
Farbstift – Coloured Pencil.
634 × 854 mm
Abb. 158

210 **Wasser zwischen den Steinen I – Water Between Stones I,** 1992
Farbstift – Coloured Pencil.
515 × 690 mm
Abb. 155

211 **Wasser zwischen den Steinen II – Water Between Stones II,** 1992
Farbstift – Coloured Pencil.
480 × 730 mm

212 **Lanzarote,** 1992
Farbstift – Coloured Pencil.
535 × 854 mm
Abb. 166

213 **Krater auf Lanzarote I – Crater on Lanzarote I**, 1992
Farbstift – Coloured Pencil.
565 × 754 mm

214 **Krater auf Lanzarote II – Crater on Lanzarote II,** 1992
Farbstift – Coloured Pencil.
545 × 822 mm

215 **Asche auf Lanzarote – Ashes on Lanzarote**, 1992
Farbstift – Coloured Pencil.
568 × 770 mm

216 **Felswall – Rock Face,** 1992
Farbstift – Coloured Pencil.
556 × 850 mm

217 **Felstal – Rocky Valley,** 1992
Farbstift – Coloured Pencil.
540 × 800 mm

218 **o. T. [Loch in der Zeichnung] – Untitled [A Hole in the Drawing],** 1992
Farbstift – Coloured Pencil.
498 × 758 mm

219 **Ratio – Reason**, 1993
Farbstift – Coloured Pencil.
630 × 868 mm
Abb. 157

220 **Paradies – Paradise**, 1993
Farbstift – Coloured Pencil.
488 × 635 mm
Abb. 174

221 **Lebenszyklus – Life Cycle**, 1993
Farbstift – Coloured Pencil.
420 × 638 mm
Abb. 104

III Mischtechnik

222 **Gute Beziehungen – Good Connections**, 1970
Aquarell, Collage – Watercolour, collage.
331 × 285 mm

223 **Farbexperiment mit grünen Klecksen – Colour Experiment with Green Splotches,** 1971
Feder, Aquarell, Collage – Pen, ink, watercolour, collage.
216 × 286 mm
Abb. 90

224 **Ihr braucht Euch gegenseitig – You Need Each Other,** 1975
Feder, Aquarell, Collage, Farbstift – Pen, ink, watercolour, collage, coloured pencil.
550 × 740 mm
Abb. 56

225 **Galerie – Gallery,** 1976
Federzeichnung, Collage – Pen, ink, collage.
350 × 520 mm
Abb. 110

226 **Volkshochschule – Adult Education Class,** 1976
Feder, Aquarell, Collage – Pen, ink, watercolour, collage.
546 × 756 mm; Abb. 93

227 **Familie – Family,** 1979
Aquarell, Feder, Collage, Farbstift – Pen, ink, watercolour, collage, coloured pencil.
387 × 515 mm

228 **Großmutters Geburtstag – Granny's Birthday,** 1979
Aquarell, Feder, Collage, Farbstift – Pen, ink, watercolour, collage, coloured pencil.
500 × 780 mm
Abb. 47, 48

229 **Hi, how are you**, 1979
Feder, Aquarell, Collage – Pen, ink, watercolour, collage.
385 × 497 mm

230 **Zwei Promille – Tanked Up,** 1980
Feder, Aquarell, Collage – Pen, ink, watercolour, collage.
280 × 364 mm

231 **Ihr irritiert mich – You People Irritate Me,** 1981
Farbstift, Aquarell, Collage – Watercolour, collage, coloured pencil.
585 × 770 mm
Abb. 53

232 **o. T. [Silberlinge] – Untitled [Silverclan],** 1982
Feder, Aquarell – Pen, ink, watercolour.
340 × 470 mm
Abb. 42

233 **Ende der Welt – World's End,** 1983
Feder, Aquarell – Pen, ink, watercolour.
294 × 328 mm
Slg. Bernhard Wißmann, Brühl

234 **Genetischer Garten – Genetic Garden**, 1985
Feder, Aquarell – Pen, ink, watercolour.
388 × 538 mm
Abb. 45

235 **Pinsel am Himmel – Brush in the Sky,** 1985
Feder, Aquarell – Pen, ink, watercolour.
330 × 520 mm
Abb. 97

236 **Blue Party,** 1987
Feder, Aquarell, Farbstift – Pen, ink. watercolour, coloured pencil.
405 × 556 mm

237 **Karriere mit Gemüt – Warm-hearted Career,** 1987
Feder, Aquarell, Collage, Farbstift – Pen, ink, watercolour, collage, coloured pencil.
570 × 830 mm
Abb. 46

238 **o. T. [Computeragitation] – Untitled,** 1987
Feder, Aquarell, Collage – Pen, ink, watercolour, collage.
535 × 689 mm
Abb. 43

239 **o. T. [IBM Feedbackunit] – Untitled,** 1987
Feder, Aquarell, Collage – Pen, ink, watercolour, collage.
489 × 649 mm
Abb. 44

240 **Party am Nachmittag – Afternoon Party,** 1987
Feder, Aquarell, Collage, Farbstift – Pen, ink, watercolour, collage, coloured pencil.
366 × 295 mm

241 **VIP,** 1987
Feder, Aquarell, Collage – Pen, ink, watercolour, collage.
340 × 500 mm

242 **Gespensterkuß – Ghost Kiss,** 1988
Feder, Aquarell, Collage – Pen, ink, watercolour, collage.
550 × 780 mm

243 **Noblesse oblige**, 1988
Aquarell, Collage – Watercolour, collage.
570 × 820 mm

244 **Cherchez la femme,** 1989
Feder, Aquarell, Collage – Pen, ink, watercolour, collage.
510 × 680 mm
Abb. 52

245 **Der letzte Kuß – The Last Kiss,** 1990
Feder, Aquarell, Collage – Pen, ink, watercolour, collage.
392 × 548 mm

246 **Gesellschaft – Society,** 1990
Farbstift, Feder, Collage – Pen, ink, collage, coloured pencil.
590 × 770 mm

247 **o. T. [Multivision] – Untitled,** 1993
Farbstift, Collage – Collage, coloured pencil.
640 × 815 mm
Abb. 101, 102

248 **o. T. [Menschen-Raster] – Untitled [Framework of People],** 1993
Farbstift, Collage – Collage, coloured pencil.
628 × 840 mm
Abb. 103

249 **Bodenreform II – Land Reform II,** 1993
Farbstift, Collage – Collage, coloured pencil.
645 × 910 mm

250 **Bodenreform III – Land Reform III,** 1993

Farbstift, Collage – Collage, coloured pencil.
895 × 1350 mm
Abb. 177

251 **Bodenreform IV – Land Reform IV,** 1993
Farbstift, Collage – Collage, coloured pencil.
720 × 830 mm
Abb. 172

IV Druckgraphik

Gesamtverzeichnis

252 **Illustration zu ›1601‹ von Mark Twain, Merlin Verlag**, 1974
Radierung – Etching.
254 × 320 mm
Aufl. 320 Expl.

253 **Illustration zu ›1601‹ von Mark Twain, Merlin Verlag**, 1974
Radierung – Etching.
254 × 320 mm
Aufl. 320 Expl.

254 **Illustration zu ›1601‹ von Mark Twain, Merlin Verlag**, 1974
Radierung – Etching.
254 × 320 mm
Aufl. 320 Expl.

255 **Libellenbaum – Dragonfly Tree (Edition ›Die vierte Dimension‹),** 1974
Radierung – Etching.
195 × 255 mm
Aufl. 120 Expl.
Abb. 180

256 **Hirschkäfer – Stag-Beetle (Edition ›Die vierte Dimension‹),** 1974
Radierung, Kaltnadel, Aquatinta – Etching, drypoint, aquatinta.
199 × 253 mm
Aufl. 120 Expl.
Abb. 182

257 **Abenteuer einer Perspektive – Adventure of a Perspective (Edition ›Die vierte Dimension‹),** 1974
Radierung, Aquatinta, Kaltnadel – Etching, aquatinta, drypoint.
195 × 258 mm
Aufl. 120 Expl.

258 **Problem in New York – Problem in New York (Edition ›Die vierte Dimension‹),** 1974
Radierung, Aquatinta, Kaltnadel – Etching, aquatinta, drypoint.
233 × 185 mm
Aufl. 120 Expl.

259 **Mückenhafte Landschaft – Gnatlike Landscape (Edition ›Die vierte Dimension‹),** 1974
Radierung – Etching.
195 × 255 mm
Aufl. 120 Expl.

260 **Hilflose Landschaft – Helpess Landscape (Edition ›Fröhliche Apokalypse‹),** 1975
Radierung – Etching.
260 × 280 mm
Aufl. 120 Expl.
Abb. 140

261 **Die Gedanken sind frei – The Thoughts are Free (Edition ›Fröhliche Apokalypse‹)**, 1975
Radierung, Aquatinta, Mezzotinto – Etching, aquatint, mezzotint.
290 × 245 mm
Aufl. 120 Expl.
Abb. 8

262 **Trümmerlandschaft – Scene of Devastation (Edition ›Fröhliche Apokalypse‹),** 1975
Radierung – Etching.
345 × 472 mm
Aufl. 120 Expl.
Abb. 87

263 **Unsere Basis – Our Basis (Edition ›Fröhliche Apokalypse‹),** 1975
Radierung, Aquatinta, Mezzotinto – Etching, aquatint, mezzotint.
350 × 351 mm
Aufl. 120 Expl.
Abb. 113

264 **Das gerettete Haus – The Saved House (Edition ›Fröhliche Apokalypse‹),** 1975
Radierung, Aquatinta – Etching, aquatint.
295 × 248 mm
Aufl. 120 Expl.
Abb. 114

265 **Der Ewigkeitsanspruch – The Claim to Eternity (Edition ›Fröhliche Apokalypse‹),** 1975
Radierung, Aquatinta – Etching, aquatint.
197 × 251 mm
Aufl. 120 Expl.

266 **Religiöse Ekstase – Religious Ecstasy (Edition ›Bubbles‹),** 1975
Radierung, offene Ätzung, Mezzotinto – Etching, open etching, mezzotint.
253 × 231 mm
Aufl. 120 Expl.

267 **Gedanken einer zerstörten Stadt – Thoughts of a Destroyed Town (Edition ›Bubbles‹)**, 1975
Radierung, Aquatinta – Etching, aquatint.
250 × 308 mm
Aufl. 120 Expl.

268 **Der Traum des kleinen Schlosses – The Dream of a Small Castle (Edition ›Bubbles‹)**, 1975
Radierung, offene Ätzung – Etching, open etching.
308 × 409 mm
Aufl. 120 Expl.

269 **Seveso (Edition ›Bubbles‹),** 1975
Radierung, Aquatinta – Etching, aquatint.
232 × 260 mm
Aufl. 120 Expl.

270 **Die Idee – The Idea (Edition ›Bubbles‹),** 1975
Radierung – Etching.
331 × 442 mm
Aufl. 120 Expl.

271 **Drei Löcher – Three Holes (5. Jahresgabe der Kestner-Gesellschaft Hannover)**, 1975
Aquatinta, Mezzotinto – Aquatint, mezzotint.
298 × 250 mm
Aufl. 120 Expl.

272 **Kreislauf des Lebens – Life Cycle (5. Jahresgabe der Kestner-Gesellschaft, Hannover),** 1975
Radierung – Etching.
307 × 248 mm
Aufl. 120 Expl.

273 **Hälfte des Lebens – Half a Life (5. Jahresgabe der Kestner-Gesellschaft, Hannover),** 1975
Radierung, Kaltnadel – Etching, drypoint.
255 × 196 mm
Aufl. 120 Expl.

274 **Landschaft aus Köpfen – Scenery of Heads,** 1975
Radierung – Etching.
257 × 301 mm

275 **Tränen – Tears,** 1975
Radierung – Etching.
255 × 195 mm; Abb. 75

276 **Prinzip Hoffnung – The Principle of Hope (Edition ›Schiffe‹, 6. Aufl.),** 1976
Radierung – Etching.
345 × 340 mm
Aufl. 120 Expl.
Abb. 112

277 **Sehschlacht – See Battle (Edition ›Schiffe‹, 6. Auflage),** 1976
Radierung – Etching.
205 × 274 mm
Aufl. 120 Expl.
Abb. 116

278 **Sehstück – See Piece (Edition ›Schiffe‹, 6. Auflage),** 1976
Radierung, Zuckerätzung, Aquatinta – Etching, sugar etching, aquatint.
195 × 250 mm
Aufl. 120 Expl.

279 **Immer Ärger mit Geisterschiffen – Forever Trouble with Phantom Ships (Edition ›Schiffe‹, 6. Auflage),** 1976
Radierung, offene Ätzung – Etching, open etching.
307 × 305 mm
Aufl. 120 Expl.

280 **Verewigter Konflikt – Perpetuated Conflict (Edition ›Schiffe‹, 6. Auflage),** 1976
Radierung – Etching.
255 × 287 mm
Aufl. 120 Expl.

281 **Skelettmeer – Sea of Skeletons (Edition ›Schiffe‹, 6. Auflage),** 1976
Radierung – Etching.
220 × 272 mm
Aufl. 120 Expl.
Abb. 115

282 **Im Nebel (Gedicht von Hermann Hesse) – In Fog (Poem by Hermann Hesse)**, 1976
Radierung, Kaltnadel – Etching, drypoint.
230 × 285 mm
Aufl. 200 Expl.

283 **Vatikan – Vatican (für ›Manager-Magazin‹)**, 1977
Radierung, offene Ätzung, Zuckerätzung, Aquatinta – Etching, open etching, sugar etching, aquatint.
232 × 291 mm
Aufl. 100 Expl.

284 **Windjammer**, 1977
Radierung, offene Ätzung – Etching, open etching.
296 × 340 mm

285 **Radierung für Amnesty International – Etching for Amnesty International**, 1977
Radierung – Etching.
246 × 200 mm
Aufl. 100 Expl.

286 **Erinnerung an gestern abend – Memories of Yesterday Evening (Edition ›Party‹),** 1977
Radierung, Kaltnadel – Etching, dry point.
290 × 326 mm
Aufl. 100 Expl.
Abb. 37

287 **Ihr seid alle verrottet – You're all rotten (Edition ›Party‹)**, 1977
Radierung – Etching.
275 × 352 mm
Aufl. 100 Expl.

288 **Bla bla Blasen – Blah Blah Bubbles (Edition ›Party‹)**, 1977
Offene Ätzung, Aquatinta – Open etching, aquatint.
304 × 400 mm
Aufl. 100 Expl.
Abb. 38

289 **Rock'n roll forever (Edition ›Party‹),** 1977
Kaltnadel – Drypoint.
305 × 375 mm
Aufl. 100 Expl.
Abb. 183

290 **Homo sapiens (Edition ›Party‹)**, 1977
Radierung, offene Ätzung – Etching, open etching.
287 × 345 mm
Aufl. 100 Expl.
Abb. 179

291 **Verplante Landschaft – Misplanned Landscape (Edition ›Landschaften‹)**, 1978
Radierung, offene Ätzung – Etching, open etching.
397 × 326 mm
Aufl. 100 Expl.
Abb. 178

292 **Vermauerte Sehnsucht – Walled-In Yearning (Edition ›Landschaften‹),** 1978
Radierung – Etching.
338 × 410 mm
Aufl. 100 Expl.
Abb. 89

293 **Ausgemergelte Landschaft – Exhausted Landscape (Edition ›Landschaften‹),** 1978
Radierung – Etching.
320 × 385 mm
Aufl. 100 Expl.

294 **Lüneburger Heide – Lüneburg Heath (Edition ›Landschaften‹)**, 1978
Aquatinta, Mezzotinto, Zuckerätzung – Aquatint, mezzotint, sugar etching.
250 × 310 mm
Aufl. 100 Expl.

295 **Rocky Mountains (Edition ›Landschaften‹)**, 1978
Kaltnadel – Drypoint.
335 × 420 mm
Aufl. 100 Expl.
Abb. 149

296 **Galerie – Gallery (Edition ›Landschaften‹),** 1978
Radierung, Kaltnadel, offene Ätzung, Mezzotinto, Aquatinta –

Etching, dry point, open etching, mezzotint, aquatint.
345 × 465 mm
Aufl. 100 Expl.
Abb. 117

297 Partygäste – Party Guests (Edition ›Gesellschaft‹), 1979
Radierung, offene Ätzung, Aquatinta, Mezzotinto, Kaltnadel – Etching, open etching, aquatint, mezzotint, drypoint.
272 × 337 mm
Aufl. 100 Expl.

298 Party im Freien – Open-air Party (Edition ›Gesellschaft‹), 1979
Radierung, offene Ätzung, Aquatinta, Mezzotinto – Etching, open etching, aquatint, mezzotint.
353 × 375 mm
Aufl. 100 Expl.

299 Monsignora (Edition ›Gesellschaft‹), 1979
Radierung, offene Ätzung – Etching, open etching.
340 × 453 mm
Aufl. 100 Expl.
Abb. 78

300 Der Mai ist gekommen – Spring (Edition ›Gesellschaft‹), 1979
Kaltnadel – Drypoint.
153 × 199 mm
Aufl. 100 Expl.
Abb. 184

301 Wir haben den Cup – We've got the Cup (Edition ›Gesellschaft‹), 1979
Radierung – Etching.
155 × 197 mm
Aufl. 100 Expl.

302 Selbst – Selfportrait, 1979
Kaltnadel – Drypoint.
140 × 105 mm
Abb. 1

303 Am Ende der Welt – At the End of the World, 1979
Radierung, offene Ätzung – Etching, open etching.
253 × 285 mm

304 Entwurzelt – Uprooted. Auflage für Amnesty International, 1980
Kaltnadel – Dry point.
325 × 420 mm
Aufl. 100 Expl.
Abb. 153

305 Heißer Tropfen auf kalten Stein – A Drop in the Ocean (für ›Schöner Wohnen‹), 1980
Radierung – Etching.
237 × 196 mm
Aufl. 100 Expl.

306 Schrott in der Schwebe – Scrap in Suspense, 1982
Radierung – Etching.
435 × 548 mm
Aufl. 100 Expl.

307 Herbst (Gedicht von Rainer Maria Rilke) – Autumn (Poem by Rainer Maria Rilke), 1983
Radierung – Etching.
243 × 340 mm

308 Die Party danach – The Party after, 1984
Radierung – Etching.
235 × 336 mm
Aufl. 100 Expl.

309 Piranesi in der Schwebe – Piranesi in Suspense, 1985
Radierung – Etching.
286 × 357 mm
Aufl. 100 Expl.
Abb. 126

310 Der Übergang in das Ende ist der erhabenste Augenblick einer Existenz – The Passage into the End is the Most Sublime Moment of Existence, 1986
Radierung – Etching.
370 × 285 mm
Abb. 74

311 Papierflieger in seinem Element – Paper Plane in its Element, 1987
Radierung, Mezzotinto, Aquatinta-Etching, mezzotint, aquatint.
150 × 215 mm

Ausstellungen

Einzelausstellungen

1971 Wilhelm-Busch-Museum Hannover
1972 Galerie Gurlitt, München
1973 Galerie Lalumière, Paris
1974 Dresdner Bank, Bonn und Köln
Galerie Alter Bären (regelmäßige Ausstellungen ca. im Zwei-Jahresrhythmus bis heute), Gümmenen
1975 Art 4, Basel
Kulturhaus der Stadt, Graz
Goodman Wolman, Kapstadt
Theater am Kirchplatz, Schaan, Liechtenstein
Vern Carver Gallery, Minneapolis
Galerie Gurlitt, München
National Arts Club, New York
1976 Palais des Beaux-Arts, Brüssel
1977 Galerie Tabula, Tübingen
Goethe Institute in New York, Ottawa, Boston, San Francisco, Montreal
Kestner-Gesellschaft, Hannover
Kunstforum, Schelderode, Belgien
1978 Galerie Jade, Colmar
H.M.K., New York
Löwenadler, Stockholm
1979 Galerie Dahlem Dorf, Berlin
Galerie Lalumière, Paris
Galerie Scheidegger, Zürich
1980 Galerie der Zeichner in der Stuck-Villa, München
Hamilton Galleries, London
Kunstforum, Schelderode, Belgien
Rijkscentrum Frans Masereel, Kasterlee, Belgien
1981 Wilhelm-Busch-Museum Hannover
1982 Kunstverein, Konstanz
1983 Galerie Rost, Theatergemeinde Koblenz, Koblenz
Galerie der Zeichner in der Stuck-Villa, München
Kunstverein, Göttingen
Mueum für Kunst und Gewerbe, Hamburg
1984 Galerie Dahlem Dorf, Berlin
Galerie Preuss, Hamburg
Goethe Institut: Europa quo vadis?, Amsterdam
Neuer Berliner Kunstverein, Berlin
Weserburg-Teerhof, Bremen
1985 De Nieuwe Kerk, Goethe Institut Amsterdam, Amsterdam
Galerie Hunes, Lausanne
Kunsthalle, Wilhelmshaven
Galerie der Zeichner in der Stuck-Villa, München
Theater am Kirchplatz, Schaan, Liechtenstein
1986 Haneburg, Leer
Kunstverein Ludwigsburg, Villa Franck, Ludwigsburg
Kunstverein, Ulm
1987 Galerie Ambience, Luzern
Galerie Elena Lee Verre d'Art, Montreal
Goethe-Institut, Montreal
Cartoonist of the Year. Le Centre International de l'Humour Universel, Montreal
1988 Overbeck-Gesellschaft, Lübeck
Goethe Institut, Hong-Kong Kanton, China
Goethe Institut, New York
Kunstverein, Wolfenbüttel
1989 Afro-Asiatisches Institut, Graz
Château de Gruyères, Gruyères
Galerie Alter Bären, Gümmenen
Gutenberg Museum, Mainz
Kulturamt Stadtmuseum, Dühnen
Marburger Kunstverein, Marburg
Galerie Theater am Kirchplatz, Schaan, Liechtenstein
1990 Galerie Ambiance, Luzern
Le Centre International de l'Humour universel: Le Monde de Demain, Montreal, Kanada
Städtische Galerie im Rathausfletz, Neuburg an der Donau
1991 Städtische Galerie im Rathausfletz, Neuburg an der Donau
Münchner Volkshochschule im Gasteig, München
1992 Museum Schloß Moritzburg, Moritzburg
1993 Christinenhaus, Keven
Gottesbilder, Menschenbilder. Berger Kirche und der Uerige, Düsseldorf
Galerie Altes Rathaus, Worpswede
1994 Galerie Alter Bären, Gümmenen

Gruppenausstellungen

1971 Ausstellung zum Preis der Heinrich Zille-Stiftung, Berlin und Hannover
1972 26. Ruhrfestspiele, Recklinghausen
1972 Humor und Karikatur, Galerie Gurlitt, München
1973 Deutsche Internationale, Kunstmesse, Düsseldorf und Köln
1974–1981 Deutsche Internationale, Kunstmesse, Düsseldorf und Köln
1975 Biennale de l'Estampe, Ljubljana
1976 Biennale de l'Estampe, Krakau, Polen
1983 Uschi Rauch: Keramik – Hans-Georg Rauch: Farbe, Zeichnung, Grafik. Galerie in der Hofstatt, Marburg
1986 Uschi Rauch: Keramik – Hans-Georg Rauch: Farbe, Zeichnung, Grafik. Galerie in der Hofstatt, Marburg
1989 »Die Rauchs«, Villa Ichon, Bremen
Hans-Georg Rauch: Satirische Grafik – Ursula Rauch: Keramik, Galerie Preuss, Hamburg

Literaturverzeichnis
[Auswahl]

Bücher von H. G. Rauch

Rauch, Hans-Georg: Dessins à regarder de près, Éditions Planète, Paris, 1967/1970.

Rauch, Hans-Georg: Rauchzeichen. Mit einem Nachwort von Manuel Gasser. Rorschach: Nebelspalterverlag, 1979.

Rauch, Hans-Georg: Die schweigende Mehrheit. Zeichnungen, Reinbek: Rowohlt, 1974.

Rauch, Hans-Georg: La majorité silencieuse. Paris: Hachette-Littérature, 1974.

Rauch, Hans-Georg: Doppeltfinten. Texte u. Zeichnungen von Gabriel Laub u. Hans Georg Rauch. Reinbek: Rowohlt, 1974.

Rauch, Hans-Georg: Battle Lines. New York: Charles Scribners' Sons, 1977.

Rauch, Hans-Georg: Schlachtlinien, Reinbek: Rowohlt, 1977.

Rauch, Hans-Georg: Die Striche kommen. Von der Lust zu zeichnen, Reinbek: Rowohlt, 1978.

Rauch, Hans-Georg: The Lines are Coming. A Book about Drawing by Hans-Georg Rauch, New York: Charles Scribners' Sons, 1978.

Rauch, Hans-Georg: Heitere Cartoons, München: Droemer Knaur, 1981.

Rauch, Hans-Georg: Zeitzeichen. Mit einem Vorwort von Fritz J. Raddatz, München: Hugendubel, 1983

Rauch, Hans-Georg: Rauch in Farbe. Vorwort von Georg Ramseger, Hildesheim: Gerstenberg, 1984.

Rauch, Hans-Georg: Architektur. Satirische Zeichnungen. Mit einer Einführung und Bildtexten von Manfred Sack, München: Prestel, 1986.

Rauch, Hans-Georg: Physiognomia arborum. Zeichnungen Hans Georg Rauch, Texte Armin Geus u. Friedhelm Lach. Marburg: Basilisken-Presse, 1989.

Rauch, Hans-Georg: Neue »Zeit«-Zeichen. Mit einem Vorwort von Ulrich Greiner, Hamburg: Zinnober, 1990.

Rauch, Hans-Georg: Aufstand der Landschaft, (gleichzeitig Kat. Museum Schloß Moritzburg) München: Bertelsmann, 1992.

Bücher mit Zeichnungen von H. G. Rauch

Aymé, Marcel: Der Mann, der durch die Wand gehen konnte. Vier Bürokratesken mit 12 Zeichnungen von Hans-Georg Rauch, Reinbek 1977.

Canetti, Elias: Die Blendung (Mit 6 Zeichnungen von Hans-Georg Rauch; Coron-Reihe des literarischen Nobelpreises Nr. 76), Zürich 1981.

Large, Alexis u. Aycard, Albert: Die ratlose Venus. Zweiundzwanzig Briefe aus dem Kummerkasten, (frz. Originaltitel: Les Perles de Vénus. Éditions Denoël) mit 14 Illustrationen von H.-G. Rauch, Hamburg 1971.

Laub, Gabriel: Mars är en naken Gud. (dt. Original: Mars ist ein nackter Gott oder Geschichte der Kriege; mit 14 Zeichnungen von Hans-Georg Rauch), Uddevalla 1980.

Luidel, Philipp [Hrsg.]: Im Zwischenreich. Texte von Wolfgang Bächler, Zeichnungen Hans-Georg Rauch. Jahresgabe der typographischen Gesellschaft. München 1985.

Raddatz, Fritz J.: Die Wirklichkeit der tropischen Mythen. Auf den Spuren von Gabriel Garcia Marquez in Kolumbien. Mit (11) Zeichnungen von Hans-Georg Rauch, Reinbek 1988.

Raddatz, Fritz J.: Warum. Frage-Geschichten aus der ZEIT mit (58) Zeichnungen von Hans-Georg Rauch, Hamburg 1982.

Raddatz, Fritz J.: Pyrenäenreise im Herbst. Auf den Spuren von Kurt Tucholsky. Mit (11) Zeichnungen von Hans-Georg Rauch, Reinbek 1985.

Raddatz, Fritz J.: Lügner von Beruf. Auf den Spuren William Faulkners. Mit (11) Zeichnungen von Hans-Georg Rauch, Reinbek 1987.

Twain, Mark: 1601, or Conversations at the Social Fireside as it was in Time of the Tudors. A Satirical Tale, written 1876/Oder Gespräch am geselligen Kamin, wie es zur Zeit der Tudors war, (engl.-dt.; deutsche Übersetzung von Thomas Ayck). Mit drei Originalradierungen von Hans-Georg Rauch, Hamburg 1974.

Witter, Ben: Nachts, wenn wir schlafen. 36 Großstadtgeschichten. Mit (12) Zeichnungen von Hans-Georg Rauch, Hamburg 1977.

Literatur über H. G. Rauch

Ausst.kat. 40 Jahre Marburger Kunstverein. Wiederbegegnung. Marburg 1993.

Ausst.kat. Hans-Georg Rauch. Rauchzeichen. Kritische Grafik von Hans-Georg Rauch, Katalog Friedrich Bohne, Wilhelm-Busch-Museum, Hannover 1971.

Ausst.kat. Hans-Georg Rauch, Zeichnungen und Radierungen, Galerie Gurlitt, München 1975.

Ausst.kat. Hans-Georg Rauch, Aquarelle, Radierungen. Text: Manuel Gasser, Kestner Gesellschaft, Hannover 1976.

Ausst.kat. Hans-Georg Rauch. Handzeichnungen, Radierungen, Retrospektive. Wilhelm-Busch-Museum, Hannover, Gifkendorf 1981.

Ausst.kat. Hans-Georg Rauch. H. G. Rauch. Geschmack an der Macht hat mit Geschmack nichts zu tun. Goethe-Institut München, (deutsch/engl. Ausg. d. Ausst.kat. Wilhelm-Busch-Museum, Hannover 1981), Gifkendorf 1986.

Ausst.kat. Hans-Georg Rauch. Le Cartooniste de L'Année/The Cartoonist of the Year 1987, Montréal: Le Centre International de l'Humour Universel/The International Centre of Universal Humour, 1987.

Ausst.kat. Hans-Georg Rauch, Gottesbilder, Menschenbilder. Hrsg. Josef Schnitzler, Texte: Martin Krolzig. Berger Kirche und Uerige, Düsseldorf 1993.

Ausst.kat. Karikatur und Satire, Walter Koschatzky u. a., Kunsthalle der Hypo-Kulturstiftung, München 1992.

Ausst.kat. Wissenschaft und Technik im Spiegel der Karikatur, 125 Jahre Technische Universität München, München 1993.

Bennecke, Rainer: Physiognomia arborum, in: Pierrot, Nr. 3 1990, S. 57ff.

Blaich, Ute: Wo stolze Fassaden zu purzeln beginnen. Über den Satiriker Hans-Georg Rauch, in: Architektur & Wohnen, H. 4, Hamburg 1978, S. 40–42.

Bode, Ursula: Hans-Georg Rauch – Perfektion wie ein Trapezakt, in: Westermanns Monatshefte, Braunschweig, 1978.

Gasser, Manuel: Über die Schwierigkeit, Rauchzeichen zu entziffern, in: Rauch, Hans-Georg: Rauchzeichen. Mit einem Nachwort von Manuel Gasser, Rorschach 1969, unpaginiert

Gasser, Manuel: Hans-Georg Rauch. Zeichnungen, Aquarelle und Druckgraphik, in: DU, 33. Jg., Zürich, Dez. 1973, S. 914–923.

Gasser, Manuel: Hans-Georg Rauch und seine Radierungen, in: Graphis, Nr. 189, Zürich 1977/78, S. 70–75.

Geerk, Frank: Physiognomia Arborum, in: Basler Magazin, Nr. 48, 2. Dez. 1989, S. 12 f.

Geus, Armin: Physiognomia arborum, in: Rauch, Hans-Georg: Physiognomia arborum. Zeichnungen Hans Georg Rauch, Marburg 1989, S. 5–8.

Greiner, Ulrich: Zorneslust. Die »ZEIT-zeichen« des Hans-Georg Rauch, in: Rauch, Hans-Georg: Neue »Zeit«-Zeichen. Mit einem Vorwort von Ulrich Greiner, Hamburg 1990, unpaginiert.
Hahnefeld, Joachim: H. G. Rauch. Die Welt als Groteske, in: Pierrot, S. 37–41.
Hahnefeld, Joachim: Denker gegen den Strich. Hans-Georg Rauch, in: Pierrot, Nr. 3, 1987, S. 31–39.
Hansen, Rolf Jürgen: Maschinen-Alltag in Punkt und Strich, Technik in der Karikatur, Frankfurt 1986.
Knapp, Gottfried: Aufstand der Landschaft. Zu den Farbstiftzeichnungen von Hans Georg Rauch, in: Ausst.kat. Hans Georg Rauch. Aufstand der Landschaft. Museum Schloß Moritzburg, München 1992, S. 5–14.
Krolzig, Martin: »Der Lichtblick in uns«. Im Gespräch mit Hans-Georg Rauch, in: Ausst.kat. Hans-Georg Rauch. Gottesbilder, Menschenbilder. Hrsg. Josef Schnitzler, Texte: Martin Krolzig. Berger Kirche und Uerige. Düsseldorf 1993, S. 6–13.
Lach, Friedhelm: Gesichtete Ereignisse, in: Rauch, Hans-Georg, Physiognomia arborum, Marburg 1989, S. 5–8.
Lammel, Gisold: Deutsche Karikaturen. Vom Mittelalter bis heute, Stuttgart/ Weimar 1995.
Laub, Gabriel: Fäden wie aus einem Pullover, in: Via Hamburg, Hamburg 1975.
Neumann, Michael: Hans-Georg Rauch: Die schweigende Mehrheit, in: Westermanns Monatshefte, Braunschweig 1974.
Neumann, Michael: Rauchs Party. Zu neuen Zeichnungen von Hans-Georg Rauch, in: Westermanns Monatshefte, H. 3, Braunschweig 1981, S. 85–92.
Ramseger, Georg: Hans-Georg Rauch, Hamburg, in: Novum Gebrauchsgraphik. München 1974.
Ramseger, Georg: Hans-Georg Rauch – Magier der Linie, in: Graphische Kunst, H. 14, 1980, S. 13–17.
Ramseger, Georg: Die Lemuren des Hans-Georg Rauch, in: Rauch, Hans-Georg: Rauch in Farbe. Vorwort von Georg Ramseger. Hildesheim 1984, unpaginiert.
Ramseger, Georg: Die Internationale Resonanz des Cartoonisten H. G. Rauch, in: Ausst.kat. H. G. Rauch. Geschmack an der Macht hat nichts mit Geschmack zu tun. Goethe-Institut München, Gifkendorf 1986, S. 21–32.
Rauch, Hans-Georg u. Krolzig, Martin: »Der Lichtblick liegt in uns«. Im Gespräch mit Hans-Georg Rauch, in: Forum Ethik & Berufsethik, H. 3/92 u. 1/93, 1993, S. 1–23 (Nachdruck aus: Ausst.kat. Hans-Georg Rauch. Gottesbilder, Menschenbilder. Hrsg. Josef Schnitzler, Texte: Martin Krolzig. Berger Kirche und Uerige. Düsseldorf 1993, S. 6–13).
Raddatz, Fritz J.: Zeitzeichen – Zeichen der Zeit, in: Rauch, Hans-Georg: Zeitzeichen. Mit einem Vorwort von Fritz J. Raddatz, München 1983, S. 5–7.
Reymond, Armande: Aux portes de l'enfer et de la dérision, Hans-Georg Rauch au Château de Gruyères, in: Voir, No. 61, Lausanne 1989, S. 20.
Ries, Hans: Rauchs künstlerische Entwicklung, in: Ausst.kat. Hans Georg Rauch. Handzeichnungen, Radierungen. Retrospektive, Wilhelm-Busch-Museum Hannover, Gifkendorf 1981, S. 8–30.
Rotzler, Willy: Cartoons für Intellektuelle, in: Graphis, Nr. 141, 1969, S. 80–85.
Sack, Manfred: Hans-Georg Rauch, der akrobatische Hintersinner, in: Rauch, Hans-Georg: Architektur. Satirische Zeichnungen. Mit einer Einführung und Bildtexten von Manfred Sack, München 1986, S. 5–26.
Schneider, Rolf: Einführung in die Mengenlehre, in: Playboy, München 1980.
Tromp, Hansmarten: Hans-Georg Rauch: Ik ben er niet on de wereld te veranderen – ick ben er om haar te tekenen, in: Avenue, Amsterdam 1979.
Vetter-Liebenow, Gisela: Zum Tod von Hans-Georg Rauch, in: Wilhelm-Busch-Jahrbuch 1993, S. 47 f.
Weringh, Koos van: De tekenen des tijds. Over de ›Zeitzeichen‹ van Hans-Georg Rauch, in: De Gids, Jg. Nr. 10, Amsterdam, Okt. 1993, S. 779–783.

»Überwinden und Wachsen: das sind, so glaube ich, Dinge, die den geistigen Weg eines Menschen prägen, mit all seinen Hoffnungen und Möglichkeiten. Ich habe viele Freunde und Bekannte, die in ihrem Alltag bisweilen heftig, dann wieder sanft darum kämpfen, sich zu entwickeln, besser zu werden.«

(Banana Yoshimoto)

Meinem Sohn und allen, die mir durch ihre Hilfe und Geduld in den letzten Monaten die Möglichkeit gegeben haben, das Buch und die Ausstellung für meinen Mann zu realisieren, möchte ich hiermit Dank sagen.

Ursula Rauch

Biographische Daten

1939 Hans-Georg Rauch wird am 21. 6. 1939 unehelich in Berlin geboren. Die Mutter verheimlicht die Identität des Vaters, die Familie lehnt die Aufnahme des Kindes zunächst ab. Rauch wird von der SS in ein Kinderheim verbracht, erleidet körperlichen Zwang und Hunger. Auf Initiative einer Tante Rückkehr in die Familie unter Obhut des Großvaters

1955–1958 nach Besuch der Grund- und Realschule in Wilhelmshaven als Schaufenstergestalter tätig

1958 kurzzeitige Anstellung als satirischer Zeichner beim ›Weserkurier‹ in Bremen

1958–1959 Militärdienst: »… die geistige Ausbildung zum Karikaturisten abgeschlossen.« (HGR)

1960 besucht das Studienatelier Prof. Kaschak, Hamburg

1961–1963 Studium an der Hochschule für bildende Künste, Hamburg, bei Prof. Bunz (Schrift/Typologie), Prof. Thiemann und Prof. Grimm

1964 Studienaufenthalt in Südfrankreich

1965 Mitarbeiter zahlreicher europäischer und amerikanischer Zeitschriften (u. a. Look, Spiegel, Observer, New York Times, Stern, Zeit). Heiratet Ursula Vorhauer

1969 erste Buchveröffentlichung

1970 Preis der Heinrich-Zille-Stiftung für sozialkritische Graphik, Reise in die USA

1971 erste Ausstellung im Wilhelm-Busch-Museum, Hannover

1974 erste Radierung

1981 erste Retrospektive im Wilhelm-Busch-Museum Hannover; wird in verschiedenen deutschen Museen gezeigt und anschließend vom Goethe-Institut in die USA geschickt

1982 Beginn der graphischen Kolumne »Zeitzeichen« in DIE ZEIT

1983 Engagement in der Friedensbewegung: Ursula und Hans-Georg Rauch nehmen zusammen mit anderen prominenten Künstlern und Intellektuellen an der Sitzblokkade in Mutlangen gegen den Nato-Doppelbeschluß und die Stationierung amerikanischer Raketen teil, H. G. Rauch beteiligt sich auch später im Jahr an der Aktion in Mutlangen

1984 Adoption von Kay, einem dreijährigen koreanischen Jungen. Beginn einer ›zeichnerischen Kooperation‹ von Vater und Sohn. Gestalten gemeinsam u. a. ein Plakat für ›Terre des Hommes‹

ab 1985 Arbeit am Architekturbuch

1986 Das Goethe-Institut sendet eine große Ausstellung in die Niederlande, nach Belgien und anschließend in die USA, nach Kanada, Hong-Kong und in die Volksrepublik China. Reise nach China

ab 1986 farbige Landschaftszeichnungen, Arbeit an der ›Physiognomia arborum‹

1987 ›Cartoonist of the Year‹ und Ausstellung in Montreal, Kanada. Reisen nach Kanada und Kreta: neuerliche Auseinandersetzung mit der Landschaftsdarstellung, besonders auf den fast jährlich stattfindenden Reisen ins Berner Oberland

1988 Marokko-Reise

1990 beginnt die Arbeit mit farbigen Stiften zum Thema ›Aufstand der Landschaft‹

1991 Beteiligung an der Gründung einer Initiative und eines Cafés zur Unterstützung politisch Verfolgter in Worpswede. Reise nach Schottland

1992 entsteht das Buch ›Aufstand der Landschaft‹. Eine Ausstellung wird in Schloß Moritzburg bei Dresden gezeigt

1993 Norwegen-Reise. Am 23. Dezember 1993 stirbt Hans-Georg Rauch unerwartet in seinem Haus in Worpswede

Fotonachweis

Christine Steimer, Schöneck;
Archiv Karl Janke, Hamburg;
Archiv Ursula Rauch, Worpswede;
Jörg P. Anders, Berlin (Fig. 9)